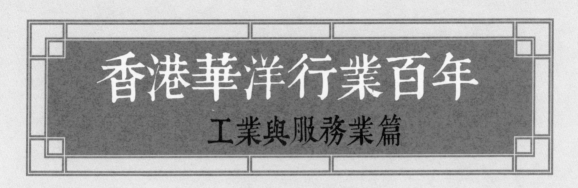

香港華洋行業百年
工業與服務業篇

鄭寶鴻　編著

商務印書館

香港華洋行業百年 —— 工業與服務業篇

編　　著：鄭寶鴻
責任編輯：張宇程
出　　版：商務印書館 (香港) 有限公司
　　　　　香港筲箕灣耀興道 3 號東滙廣場 8 樓
　　　　　http://www.commercialpress.com.hk
發　　行：香港聯合書刊物流有限公司
　　　　　香港新界大埔汀麗路 36 號中華商務印刷大廈 3 字樓
印　　刷：中華商務彩色印刷有限公司
　　　　　香港新界大埔汀麗路 36 號中華商務印刷大廈 14 字樓
版　　次：2016 年 11 月第 1 版第 1 次印刷
　　　　　©2016 商務印書館 (香港) 有限公司
　　　　　ISBN 978 962 07 5688 7
　　　　　Printed in Hong Kong

香港華洋行業百年

——工業與服務業篇

目 錄

上篇 | 前言

　　開埠不久的 1850 年代起,已有華人廠商製造雨傘、五金器皿、食具、炮竹及火柴等日用品,較具規模者為若干間船艇廠及一間造紙廠。二十世紀初的大廠房,有包括印刷、橡膠、鋼鐵五金、照明器具等行業。規模較大者,有包括商務印書館位於北角的工廠等多家。

　　1940 年代前後,大量內地廠商將廠房遷港,並大加發展。為回應各廠商的需要,政府大力開拓黃竹坑、柴灣、觀塘、荃灣、屯門及大埔等新工業區。

　　供各階層人士縫製衣服的花紗布疋,以至綾羅綢緞,為華洋商人的重大生意。早期,這等布料的銷售點集中於港島中上環的乍畏街及油麻地上海街等多條街道。

　　1870 年代,香港已有用衣車縫製的成衣,出口往世界各地。

　　由十九世紀後期起,香港已有西裝(洋服)及女服店,華籍裁縫師傅"度身訂造"的巧藝,往後一直都受到中外顧客的讚賞。

　　當時最龐大的紡織廠,為怡和洋行的"銅鑼灣渣甸紡紗局"。1910 年代起,多家生產各類衣物的織造廠及布廠陸續開設。1938 年後及 1947 年起,更多內地資金遷港,在各區興建包括紡織、製衣、印染等行業的龐大廠房。到了 1964 年,這等行業共已僱用 15 萬工人。

　　供男女裝扮的化妝品,亦屬一重要行業。除舶來品外,早期還有包括廣生行、先施、三鳳及百家利等公司設廠生產。當時亦有廠商生產各類肥皂(梘),可惜港產化妝品和肥皂的行業,皆於六十年代起走向下坡。

　　港人習慣用的港產刀剪,早期的名牌有"三行瓦"及"何岐利"。後來,多家名稱類似的店號紛紛開設,亦各有捧場客。

港產熱水瓶始於 1930 年代，1950 年代行銷世界各地，著名的品牌有"金錢"及"駱駝"。

跟水瓶業相關的，還有搪瓷廠及印花製罐廠所出產的各種器皿和食具，以及各種玩具。到了 1950 年代，逐漸被銻、鋁等合金以至塑膠所取代。

香港的首間電筒廠和電池廠分別於 1905 年及 1917 年創設。1930 年代，因世界戰雲密佈，電筒產量大增。1960 年前後，為電筒、電池產量的全盛期，產品行銷遍達全球。

香港開埠初期，主要的照明燃料為火水（煤油）及蠟。

港九分別於 1864 年及 1892 年開始供應煤氣。

香港電燈公司及中華電力公司先後於 1890 年及 1903 年開始在港島、九龍和新界供電。

淪陷時期，電力及煤氣供應不時停頓。

和平後的數十年間，煤氣及兩大電力公司，為回應社會各方面的需求，加速發展，不斷設置新機器和興建新廠房。

而電力、煤氣和石油氣，亦逐漸取代以往的柴炭及火水等燃料。

香港早期有各類大小的船塢和船廠。為配合這些船廠的船艇所需，多間大小的船具廠、工場及店舖，遍設於港九各區。此外，亦有專營蔴纜、帆、罌等的廠號，最龐大的是位於堅尼地城的"香港蔴纜廠"。

自 1841 年香港開埠時起，各類移山、填海、造地、闢路、建屋，及興築水塘等基建工程一直不斷進行，將香港打造成現代化都會，亦有充足居所以容納陸續增加的人口。多座水塘和水庫、海底隧道、地下鐵路以至赤鱲角機場等，皆能使人耳目一新，稱讚不已。更難能可貴的是港九多處，有大量石礦可供應用。同時亦有龐大的水泥廠及漆油廠，除應付基建需求外，還可出口銷往世界各地。

此外，香港早期有很多化工原料店及廠房，經營化學及工業用物品，染料、顏料、清潔用品，以至化妝品、味精及糖精等。業務高峰期為五、六十年代，近年則因大量工廠外遷，業務大不如前。

還有大量經營五金原料、零件及器具的店舖，以及稱為"打鐵舖"的作坊，1950年代亦有很多回收金屬物品循環再用的店舖。

1920、1930年代，已有若干位來自內地的金銀珠寶首飾巧匠和技師在各珠寶金行或大百貨公司服務，大部分師傅自設工場兼培訓學徒。戰後迄至1990年代中為首飾工場的全盛期，而港產首飾亦於海外各地享有崇高聲譽。

1970年代後期，內地實行改革開放，大量製作工序移往內地，本港的首飾製作業由當時起漸走下坡。

第一章

華人廠商

　　十九世紀中後期，華人廠商大部分是製造船艇、日用品、白糖、豉油醬料及玻璃器皿等，較有名是始創於 1885 年的梁蘇記遮廠，以及一間位於皇后大道東 109 號、於 1880 年成立的林宏隆玻璃廠。

　　而最大規模者是於 1896 年成立、位於香港仔的 "大成機器造紙有限公司"，該公司並在香港仔興建一座私家水塘。到了 1929 年，政府備價收回，發展為香港仔水塘。

　　1908 年，有華商在新界白沙湖地段開設玻璃製造廠，因附近的白沙適合製造玻璃，而機器是購自紅磡的舊玻璃廠。

　　1909 年，有一間位於旺角的 "啟興自製火柴公司"，出產 "中國火柴"，同時，亦有若干間位於西環及土瓜灣的炮竹煙花廠，當中以位於北帝街的廣萬隆最著名。

1910 年代開業的商務印書館，在西環設有印刷廠房。更大的廠房於 1930 年代開設於北角英皇道。廠房背後的糖水道與渣華道交界，有一"香港製釘廠"，於 1950 年代改建為二天堂印務廠。早於 1920 年代，香港已有一"中華製釘有限公司"。

二十世紀初，新界有一間設於荃灣的菠蘿罐頭廠，稍後遷往西環。1920 年代，屯門區有一"青山磚窰機器製磚公司"。

二十年代起，有包括位於筲箕灣西大街的"馮強"、銅鑼灣開平道（恩平道）的"黃克兢"及"梁顯利"等多間樹膠廠在香港創設。

廣告

香港嶺南工業研究社開設勸業陳列所定於八月初十日開場陳列所中各品俱非尋常一家展覽可比有意研究實業者屆時務請到場參觀指教幸甚

本所在中環德輔道二十五號二樓 己酉八月初三日 創士 何黃佐平 俱樂宜 啟

1930 年代，包括華益、石塘咀皇后大道西的天真，以及規模較大，位於銅鑼灣威菲路道的如英，以及位於筲箕灣兼製玩具的康元等的印花製罐廠在港開業。

大型鐵工廠則有西環的大華，以及土瓜灣貴州街的捷和等。同時西環爹核士街有一間蓋一電池廠。

當時亦有多間生產搪瓷器皿及冷熱水瓶的工廠，其中有位於旺角的群益、以 "一味靠滾" 作宣傳的唯一水瓶廠，及位於土瓜灣以金錢牌熱水瓶著名的益豐搪瓷公司等。

中華廠商聯合會於 1934 年成立。於 1938 年起，接辦工展會前身的 "中國貨品展覽會"。

1938 年，北平（北京）、天津、上海及杭州相繼淪陷，內地的中小型工廠多移至本港。有不少工廠設於新界區，以青山陶業公司及新墟的建生磚廠規模最大。市區的工廠，多集中於筲箕灣、紅磡、土瓜灣、大角咀及長沙灣。

和平後的 1948 年，當局決定將長沙灣的沿海地段發展為包括經營造船業的新工業區，俟後，很多紗廠及製衣廠亦在這一帶開設。此外，當局又將元朗與大埔發展為次要工業區，不少人在此開辦染廠、醬油廠及菓子廠等。

1947 年，西環爹核士街的大華鐵工廠，亦生產鋁製食具器皿。1950 年代，被稱為 "鍟" 的鋁製器皿有快速的增長。大廠除大華之外，還有鼎大及華鋁等。當時不少訂單來自東南亞。

此外，亦有若干間鐵工廠製造木炭熨斗、刀剪、錶帶等產品。

1947 年，有多間包括老牌的馮強等橡膠廠，以生產膠鞋或輪胎為主。自塑膠於 1945 年面世後，香港於 1949 年起亦開設多間塑膠廠，以生產玩具及日用品為主。規模較大者有遠東、中元及位於北角琴行街的開達，以及一間於 1949 年成立的星光印製廠，後來變為擁有 "紅 A" 品牌的星光實業。

戰後，因中外的需求大增，導致製漆業一片好景。當時的華資大製漆廠有國民、香島、建國及中華等。

同時，有不少新式房屋興建，鋼窗業亦呈現一片好景，較知名的鋼窗廠有三達、中國、香港、永昌、廣州及鴻圖等。

亦有若干間玻璃及玻璃製品廠，還有毅生及通旺等鏡廠。五十年代後期，有一間位於告士打道近堅拿道的冠華鏡廠，後來發展為一龐大企業。

旺角山東街，正一織造廠的包裝紙，約 1930 ▶
年。此包裝紙由一趙揚名閣石印廠印製。

1951 年底，在尖沙咀彌敦道（現喜來登酒店所在） ▶
舉辦的第九屆 "香港華資工業出品展覽會"。一年
前第八屆展覽會的名稱仍為 "中國貨品展覽會"。

▲ 在尖沙咀彌敦道舉辦的第十五屆 "香港華資工業出
品展覽會"，1957 年。可見包括時來遮、白花油、
余均益、梁蘇記遮、振興及安樂園食品、上海梘
廠、鱷魚及葉牌恤、淘化大同及星光紅 A 塑膠等
多家參展的華資廠商。

1951 年，美國對中國實施禁運。在工業界一片叫苦連天聲中，只有製梘（肥皂）業一片好景。當時大部分製梘廠皆位於西環厚和街、卑路乍街及北街一帶，較著名的有上海、昇平及瑞昌等。

1955 年，香港華資工業展覽會的新參展商包括利安夾萬廠、大華船燈製造廠、長江公司塑膠廠等。

1956 年，建造商會決定在黃竹坑闢建工業區，包括維他奶及甄沾記椰子糖等在此興建廠房。

1958 年，塑膠花業開始發展，當年有工人 1,500，兩年後增至七千多。同樣發展迅速的是塑膠器皿工業。當時塑膠取代了竹、木及陶瓷等材料，塑膠牙刷質量達世界一流水平。

1960 年，約有 200 間玩具廠，工人約 7,000，主要以塑膠及五金為主，加上木及紙等材料，成為本港的第五大主要工業。

1959 至 1960 年間，不少廠商開始生產原子粒（半導體）收音機。同時，仍有 37 家電筒廠，工人有六千多名，銷場以英美為主。

星光實業公司在紅磡工展會場 ▶
的攤位，約 1963 年。左方的
"香港工專"現為香港理工大學。

　　1960 年代初起，大量華人廠商逐漸將廠房遷往新工業區，包括觀塘、柴灣、衛星城市荃灣，以至新市鎮屯門及大埔等地。

　　當時，香港工業發展蓬勃，主因是低稅率、勞工充足，加上香港為一自由港，運輸和商業設施都很便利。1962 年，有來自內地的新移民 40 萬人，大部分投身工業。

　　1970 年，華資工業以紡織製衣為最大，第二為塑膠業（包括玩具、花及用品），其次為電子產品。

1　土瓜灣住宅和工廠區，1969 年。正中的九龍城道旁可見三光布廠，其左邊的馬坑涌山現時為土瓜灣體育館所在。（圖片由吳貴龍先生提供）

2　電影劇照。可見新蒲崗常喜街的工廠和工人，約 1973 年。左上方可見彩虹道啟德遊樂場的摩天輪。

3　土瓜灣貴州街香港火柴廠，以及坪洲大中國火柴廠的包裝招紙，1960 年代。

第二章

衣服與衣料

　　根據政府統計，1870 年代洋商在港經營的生意，最大者為銀行，其次為花紗（Yarn）及布疋，經營和入口此類貨品者，包括怡和等多間大洋行。此外，亦有不少華商，經營及銷售花紗布疋（主要來自印度孟買），以及來自內地蘇州、杭州一帶的綾羅綢緞。

　　1881 年憲報刊載，有華人花紗店 58 間、蘇杭店 156 間，及疋頭（Piece Goods）店 109 間，還有 1,800 多名使用衣車的裁縫匠。上述行業的店舖分佈於中環、上環，以及九龍的油麻地區。

　　1870 至 1880 年代，有二、三十間花紗店、蘇杭店、綢緞疋頭店、縐紗莊，以及番衣（洋服）店舖，開設於上環乍畏街（約 1980 年更名為"蘇杭街"），當中包括新廣華、美華、

瑞源會隆、李晉升、永逢泰、大綸、禮彰及溢隆等。稍後,有一間
位於乍畏街1號的盧信隆,一直經營至1950年代。早期,蘇杭街
亦有不少經營故衣的店舖。

此外,亦有不少蘇杭及疋頭店,開設於永樂街、文咸東街、皇
后大道中、皇后大道西,以及油麻地的差館街(上海街)等,後者
又被稱為"油麻地蘇杭街"。

至於售賣平價布疋的店舖,則集中於荷李活道及鄰接的一段稱
為"呢街"的伊利近街。到了二十世紀初,這些店舖才陸續遷往又
名"花布街"的永安街。

1　在影樓留倩影,穿清裝華服的貴
　　婦,約1900年。

2　由德輔道中望俗名為"花布街"的
　　永安街,1992年。右方為大生銀
　　行大廈。

17

早於 1870 年代，本港已有使用"勝家"牌衣車的機器縫衣工場，裁縫匠以廉價將從英國運來的斜紋布，用衣車縫製成衣服，出口往新西蘭及美國。但縫衣工場不時遭人勒索及破壞，工匠受傷。大部分縫衣場及裁縫店，均開設於皇后大道中、皇后大道西及荷李活道一帶。

到了 1950 年代，不少家庭都備有一部衣車，供婦女縫製衣服，以及從製衣廠或店舖領取衣料回家加工縫製，以賺取家用，此為"穿膠花"以外的另一熱門副業。

約 1884 年，有一"皇家洗衣局"在堅尼地道 8 號創設。同時，亦有一間香港蒸汽洗衣有限公司。1901 年，位於油麻地後來被命名為廣華街的"油麻地機器洗衣局"開業。

1920 年代，有不少工人在大坑村浣紗街上端的洗衣塘浣洗衣物。

約 1941 年，有一間"偉林洗衣廠"，於旺角花園街 68 號東方煙廠的花園旁開設。

迄至 1960 年代，有不少染坊、染布店或檔口設於港九各區，其中為人熟知者，有位於伊利近街與荷李活道交界的盧珠記，以及位於旺角上海街的就新染房，後者一直經營至 1990 年代後期。

　　1900 年起，有若干間蘇杭綢緞正頭店在油麻地及旺角一帶設置"棧房"（貨倉）地段，以曬晾紅莨、雲紗、紡紬及縐紗等衣料。

　　至於當時的高等衣料，還有上海花紗、文華縐紗、川綢、高花緞、九彩織錦、團花毛葛、印花絲綢、縐呢、西湖呢、北京緞凸線縐及明星錦等。

　　1920 年代，已有若干間刺繡、抽紗及汕頭花邊等高級布料的公司，於中環及尖沙咀的遊客區開設。

　　1930 年代，知名的綢緞莊有位於皇后大道中的老介福、老九章、和義及和裕等。大百貨公司如先施、永安、麗華及大新等亦設有綢緞及呢絨部門。

位於深水埗荔枝角道與白楊街交界佇看英女皇壽辰閱兵的人羣，約 1965 年。圖中可見兩間頗具規模的洋服店。 ▶

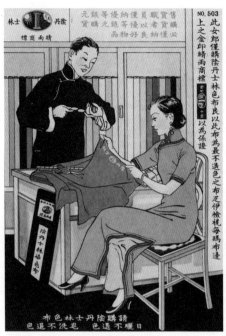

▲ "陰丹士林"染色布的宣傳招紙，1930 年代。

▲ 德輔道中麗華百貨公司，有關女服及各種
　布料的廣告，1922 年。

1934 年，該行業的商會為"綢緞行商會"。

至於毛冷等衣物，則始於 1920 年代。1925
年，德輔道中的昭信百貨公司，曾舉辦編織"毛冷
手工衣衫"比賽。

約 1910 年，有一間位於永安街的"巨安皮草
行"。該公司後來遷往上環近孖沙街的皇后大道
中，一直經營至 1970 年代。

作為普羅市民衣服布料的白夏布、"陰丹士林"
（Indanthrene）寶藍色布、絲光藍布及大成藍布
等，多在永安街等布疋店出售。

原為經營鐵器及輪船用品的永安街，於二十
世紀初逐漸改營衣料布匹，早期的店舖經營者多為
中山隆都人。成行成市的店舖出售彩色繽紛的布
匹，吸引大批婦女前往選購，故永安街亦有"花布
街"及"大姑街"之稱。

1930 年代，該行的商會為位於乍畏街 27 號三
樓的"疋頭行公會"。

永安街每年一度的盛事為農曆八月廿七慶祝
孔子誕辰，當天所有店舖休息，整條街遍懸花燈、

綵球及對聯。皇后大道中及德輔道中兩端的出入口，均懸掛大型花牌及蓋搭音樂棚，表演粵劇及唱女伶，場面十分隆重。

1950年代，大量抽紗花邊店，集中於中環皇后大道中、德己立街及蘭桂坊一帶，以及尖沙咀等地。顧繡及戲服店則有位於擺花街的錦章、華彰、中華、廣州、上海、祥泰；威靈頓街的百福、嶺南、美華；上海街的馮滿記、南興隆等。除婚禮所需外，不少粵劇老倌亦在此訂製戲服。

1990年代初，該地段因被重建為中環中心，大部分衣料匹頭店，均遷移往由上環街市變身的西港城。

1940至1960年代，男女"唐裝衫褲"的布料中最流行者是名為"黑膠綢"的廉價薯莨紗綢布料，其特性為易洗快乾，無須漿熨，連便衣警探亦愛穿着，儼如"制服"。此種黑膠綢曾一度於1990年代初恢復流行，不少婦女用其縫製裁剪適合身段的唐裝，更添風韻。

1　衣冠楚楚的中西服飾市民，約1932年，攝於永吉街前的德輔道中。

2　德輔道中消防局（現恒生銀行所在）前，穿旗袍（長衫）的摩登女士，約1930年。（圖片由佟寶銘先生提供）

迄至 1970 年代，冬令時期的保暖衣物，最受歡迎的是價廉物美的棉袍或棉衲（棉襖），主要顏色是藍及啡，加上"壽"或祥瑞的暗紋圖案，女裝則為紅或粉紅者。最高檔的質料為"絲棉"。因天氣暖化及保暖衣物質料的多樣化，近年穿棉衲的市民已較少見。

其他質料的保暖衣物較為高檔的是羊毛衫，以英國牌子最愛歡迎。中環區有若干間出售羊毛衫的名店。

由戰後至 1970 年代，有很多個人"單幹戶"用肩膊托着數卷用"雞皮紙"包裹的不同品種紗綢布匹，穿梭各區大街小巷，高聲呼喊："買綢苳，雲紗熟綢！"沿街販賣，為當時的城市特色。

十九世紀後期，已有多家西衣、西裝（洋服）店、西國女服店及洋貨絨料店，於皇后大道中及德己立街一帶開設，標榜上門或到店裁度，均從尊便。

1910 年，已有穿西式衣裝的男女，被稱為"西裝男"及"自由裝女子"。1920 年代，各大百貨公司出售西衣絨、大襟絨、駱駝絨、長衫絨及馬褂絨等西式衣服絨料，部分被用作縫製中式衣服。

1920 年代的洋服店有亞民興昌、泉興及麥堅台士等。

1930 年代後期，已有不少華人穿着稱為"西裝"的洋服。二次大戰前後，較著名"度身定造"的洋服店，有位於德輔道中大同酒家一帶的怡安泰、大東方及鴻翔等，前者於 2016 年才結業。

精製抽紗顧繡

SWATOW LACE Co.

MANUFACTURERS AND EXPORTERS
OF
UP-TO-DATE LACES, DRAWN-WORK, EMBROIDERIES.
AND
A GREAT ASSORTMENT OF SILKS, LINEN, IVORY, SANDALWOOD,
BEADS AND PRECIOUS STONES OF THE FINEST ART OF
CHINESE HAND CARVING, WEAVING AND PAINTING.
YOUR INSPECTION INVITED

汕頭花邊公司

NEW SHOP
Branch Office 21, Queen's Rd. H. K. Hotel Building
15, Custom House Road, 17, Queen's Road C.
PHONE 4639 CENTRAL
SWATOW. HONGKONG,
C. 號五十路關海頭汕行支 A 號七十中道大港香行總

◄ 位於皇后大道中 17 號 A 和 21 號香港大酒店（現中建大廈所在）的汕頭花邊公司的宣傳卡片，約 1948 年。

24

◀ 由皇后大道中上望東街，約 1950 年。右方為日南茶樓，正中可見多間批發大樓雨衣及縫製洋服恤衫的店舖。

和平後的 1947 年，政府訂定西裝的公價為每套 49.5 元，當時普羅市民月薪約為 30 元，需要節衣縮食幾個月，才可訂製一套能 "充撐場面" 的西裝，所以不少人只能擁有一套，被稱為 "單吊西"，甚至有一套西裝供兩人輪流穿着者。

1949 年，上海南京路的培羅蒙服裝號在遮打道思豪酒店開業，並於告羅士打行地下設一間西裝陳列室。

1950 年代，有不少洋服店、男女時裝店於皇后大道中、德己立街、威靈頓街、灣仔、北角、尖沙咀及油麻地彌敦道一帶開設，多以上海師傅作標榜。此外，亦有多間專造女服及長衫（旗袍）的店舖。著名的洋服店和呢絨店有張活海（由歌星張國榮先生的父親開設）、式雅、同新及福利等。

於水坑口以西的一段皇后大道西，亦雲集多間洋服店，當中的名店有大東、英京、集茂源等。此外，還有若干間洋服店及 "樓梯口" 舖位，於後來以喜帖馳名的灣仔利東街開設。

由五十至七十年代，除店舖外亦有為數眾多的 "個體單幹戶" 洋服師傅，以及工場遍佈於港九新界的住宅樓宇內，當中很多與各大小呢絨疋頭店 "掛鈎"，憑藉其介紹生意者。

由戰前起迄至 1990 年代，有很多賀客訂製祝壽或祝婚的喜帳，送往喜宴的酒樓或禮堂懸掛，以申慶祝，喜帳是用洋服絨料或綢緞，以至毛毯製成。亦有以此製作祭帳，送往靈堂以誌悼意者。近年來，在紅、白二事場合中懸掛喜帳或祭帳的情景已較為少見。

1　荔園遊樂場大門口前，三位穿恤衫西褲及"唐裝"的男士，1958 年。

2　約 1968 年的婚宴禮堂，穿着傳統唐裝衫褲的新郎，和不穿顧繡裪裙而穿"摩登"迷你裙的新娘子，令人耳目一新。

3　鱷魚恤攤位的工展小姐，約 1963 年。

由雲咸街望皇后大道
中，約 1950 年。右方
的華人行有多家經營
"花邊"及抽紗顧繡的
公司。圖中皇后戲院背
後，《大公報》招牌樓
下，是以售賣西式服裝
著名的萬成百貨公司。

紗廠、紡織、製衣 與製帽

紗廠、紡織與製衣

1899 年，怡和洋行在銅鑼灣筲箕灣道（銅鑼灣道）創立一間大規模的 "香港紡織印染有限公司"（Hong Kong Cotton-spinning Weaving and Dyeing Co. Ltd.），又被稱為 "渣甸紡織廠" 或 "銅鑼灣渣甸紡紗局"。在 40 萬平方呎的地段上建有九座廠房，另有一座水塘。此外，還於西營盤開設一間 "怡和織布公司"。

約 1905 年，該紡織廠遷往上海後，港廠於 1915 年收盤，原址易手予法國聖保祿機構以興建教堂、醫院及學校。

早期，華人亦喜歡穿着由洛士利（Loxley Co.）等洋行進口的線衫、褲及笠衫等外國內衣。由 1900 年起，多間華人創辦的織造廠亦生產此等衣物、帽及棉襪。當中較著名者，是由若干大洋行買辦以及多間華資公司東主倡辦，位於油麻地西貢街的"利民興國織造有限公司"。

同年，還有油麻地的廣新織造公司，以及華洋織造公司創立。

▲ 銅鑼灣東角，約 1880 年。正中是由鑄錢局（鑄幣廠）改裝的糖廠，為怡和洋行在這一帶的數座糖廠之一。當時這裏曾有一條"鑄錢局街"（Royal Mint Street），約為現時加寧街、糖街及渣甸街的一部分。兩組煙囪之間的海旁（現維園旁柏寧酒店一帶），曾有一條伸延至邊寧頓街的威林王街（King William Street）。1890 年代，怡和紡紗廠在左邊煙囪一帶的地段落成。左前方的海面於 1883 年興建銅鑼灣避風塘，現為維多利亞公園。

31

▲ 跑馬地及銅鑼灣避風塘，約 1905 年。
左方為怡和東角糖廠，正中為渣甸山
（利園山）及禮頓山，右方煙囱的一帶為
怡和紡紗廠，所在後來為法國聖保祿修
院機構。

1919 年，有位於筲箕灣水渠台的美華織造
局，和深水埗南昌街的愛群織造廠。稍後，有較
著名的周藝興織造廠在油麻地廣華街成立，生產
"單車牌"等線衫。

1922 年，九龍倉碼頭有限公司（九龍倉）有
一座棉花廠設於渡船角（現"八文"大廈所在）。
附近亦有一間東亞織造公司及民生織造局。

1930 年代的織造廠，有位於港島銅鑼灣道的
維新、菲林明道的國民；九龍油麻地砵蘭街的競
新及榮業；旺角塘尾道生產"三個 5"等牌線衫的
全新、山東街的南華、水渠道的藝生；大角咀福

全街生產富貴牌及鴛鴦牌織品的棉藝；深水埗南昌街生產金鹿牌及秋蟬牌線衫的利工民；黃竹街的金龍；元州街的華隆等。此外，還有一間位於紅磡漆咸道的大興。

當時，亦有多間包括三光、嶺南及大中華等布廠分佈於深水埗、土瓜灣及九龍城一帶。

1920 至 1930 年代，上海及香港均時興一種用藍色染料"陰丹士林"（Indanthrene）印染的布匹。不脫色的陰丹士林是由靛藍色的 Indigo，再加上印度染料 Indiandye 組合而成。迄至 1950 年代，多間布廠均以生產"陰丹士林"布作標榜。1930 年代，亦有一種由怡和集團出品的"林沖夜奔牌"絲光藍布。

1938 年廣州淪陷後，大量資金湧至香港投資設廠。到了 1941 年，港九的大小織造及紡織廠共有約 700 家。

和平後的 1946 年，各廠恢復投產，數目與戰前相若。

1947 年，因南洋一帶市場需求增加，紡織及織造業趨於繁榮，加上中國內地經濟不穩，龐大的游資遂流至香港投資設廠，多間包括偉綸、香港、南洋、九龍、寶星及南洋等大型紗廠，紛紛創建。

1950 年代，香港的紡織、製衣、織布、針織及漂染業等景氣洋溢，不少廠商均擴大投資。當時較大規模的工廠包括南海、怡生、中央、南豐、東南、大南及中國等。

同時，為人熟知的製衣廠有生產鱷魚恤、位於青山道的利華民、生產葉牌恤的同益，以及生產槍牌恤及伊人恤的工廠等。

1 及 2　推介"陰丹士林"染色布料優點的宣傳單張（正面及背面），1930 年代。

33

1960 年代，著名製衣廠還有長江製衣廠、梅真尼製衣廠、南聯實業集團、生產永勝恤的永南製衣廠等。

　　當時，另一龐大紗廠企業為怡和洋行轄下的聯業紗織集團，還有會德豐集團的紗廠。

　　根據 1964 年的統計，共約有 35 萬工廠工人，其中約 15 萬為紡織製衣業工人。

▼　在一間製衣廠內拍攝的電影劇照，約
　　1973 年。

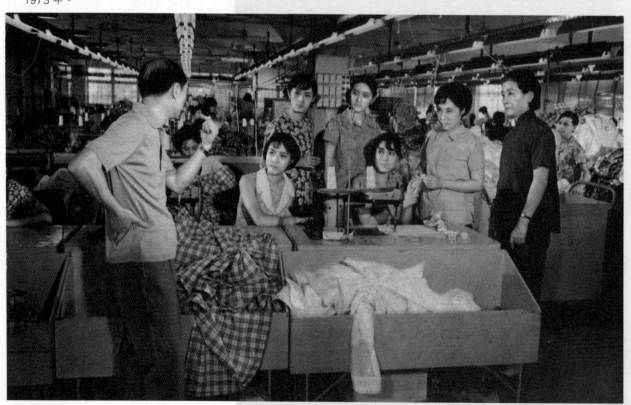

製帽

除了傳統的中國帽子外，由 1910 年代起，男士亦時興配戴西式的氈帽及唸帽（無邊帽）。到了 1930 年代則流行始自南洋一帶的通帽。

二戰前後，多間大小規模的製帽廠於上環皇后大道中、西營盤第三街、灣仔莊士敦道、九龍太子道、南昌街及青山道等區開設。

較知名的製帽廠有民族、中華、同益、利華、復興及福昌等。

除大小百貨公司外，不少鞋店包括信義行及民星等亦出售帽子。較著名的一家是戰後在港開設的鶴鳴鞋帽商店。

▼ 皇后大道西近七號警署的西湖綢布莊及右鄰的衣車店，1985 年。（圖片由陳創楚先生提供）

第四章

化妝品

1870 年代，有若干西藥房出售包括唇膏、臉粉、花露水、髮油等化妝品。1884 年，屈臣氏藥房在報章宣傳其出品之胭脂香水、桂花味紅唇膏、花露香粉及花露油等化妝品。

1901 年，有一華人莫禮智，出售包括鮮花露水、免爆拆香水、刷牙香水、牙粉及牙梘等。

1905 年，市面上有一款 "奴約（New York）林文煙（Lanman）付流梨地（Florida）上品花露水"，宣稱用各種花精汁液製造。當時亦有一種高路潔花露水。

同年，有於蘭桂坊 18 號開設之廣生（廣生行），出售 "中國雙妹嘜上等百花香水"。一年後，名稱改為 "中國自創雙妹嘜花露水"，廠址遷往德輔道中 246 號，稍後再遷往 250 號，產品有生髮油、洗頭水、香水、白樹油、止咳水等。此外，並出售鏹水（硝酸）、偈油、臭丸、臭水等，還有外國製的 "自來火食煙燈"（打火機）。

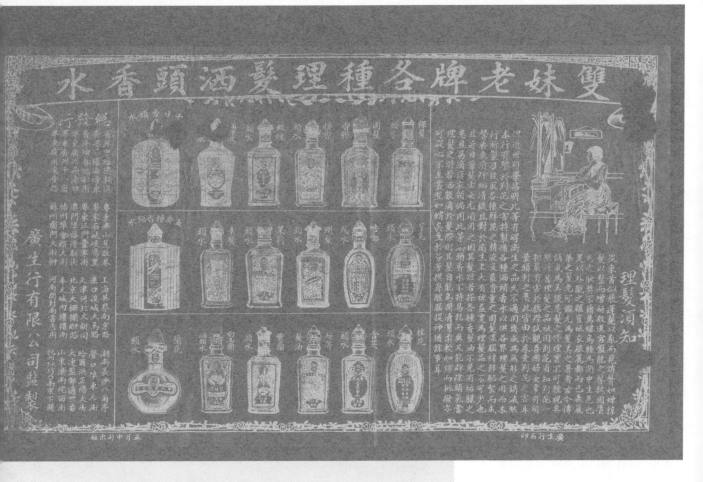

1908 年，廣生行的負責人馮福田、梁澤周及林壽庭，被控假冒“林文煙”花露水商標，法官以證據不足判廣生行勝訴。

稍後，生產“付流梨地花露水”的公司，還有同是生產汽水之安樂水房、香亞公司及妙生行化妝品公司等。

1912 年，廣生行在七姊妹區的威菲路道興建新廠房，生產各種化妝品、牙膏、牙粉、香油、藥品及果子露等，還有盛器的玻璃瓶。

1918 年，一間百家利（Bakilly）興記公司於七姊妹筲箕灣道（英皇道）設廠，生產“三枝香”牌化妝品及花露水等。該公司的門市部設於德輔道中 153 至 155 號，門市亦兼營西藥。

▲ 廣生行各種護髮頭水及灑頭香水之廣告單張，約 1925 年。

▼ 開設於蘭桂坊 18 號的廣生（廣生行）推銷“雙妹嚜”百花香水（花露水）的廣告，1905 年。

1922年，先施公司生產"虎頭牌"多種化妝品，製造廠設於西環爹核士街30號。

　　1924年，有位於皇后大道西的安華公司，及德輔道西的潔成公司，生產雪花膏、婦女美髮的刨花香膠、生髮油及髮臘等化妝品。稍後亦有一間設於土瓜灣北帝街的三鳳粉莊。

　　1930年代，廣生行在軒尼詩道，克街與灣仔道交界增設新廠房。新產品有燙髮油及固髮膠等。

　　同時，市面上亦有外國製的寶士碧頭蠟，及碧理連頭膏（即百利髮乳）。稍後，亦有一種於1950年代很流行的港產"香港之夜"牌頭蠟。

由急庇利街東望德輔道中，約1950年。右方為位於250號，與禧利街交界的廣生行。其東鄰為利工民織造、榮華及大同酒家。左方為同益製衣廠（葉牌恤）及以明爐燒鵝馳名的公團酒家。

1946年，Revlon牌化妝品在港徵求中文譯名，冠軍為"露華濃"，亞軍為"麗無倫"，季軍為"麗芙蓉"。

　　當時，不少化妝品公司在工展會設置攤位，作爭妍鬥麗的宣傳。

　　而由戰後起的一段長時間，大量批發化妝品的店舖，以及兼營的中西藥行，集中於上環永樂街及附近一條窄巷的廣源東街（現為新紀元廣場所在）及中環興隆街（現為中環中心所在）。迄至1980年代，仍可見屬集的化妝小姐們在這一帶採購。

　　1950年代的流行化妝護理用品，有散髮妹頭水、凡士林髮乳、拉雲打（薰衣草）髮蠟、固齡玉牙膏、潔士牙梘、利華藥梘、茄士咩香梘及愛她近（鹿仔牌）香梘等。

　　廣生行雪花膏為不少家庭冬天必備，以防"爆拆"（皮膚乾燥爆裂）。此外，該公司的花露水、先施公司的香水牙膏、三鳳公司的蛋型白臉粉，在內地及南洋均很暢銷。到了1950年代中，內地禁止輸入，南洋各地亦增加限制，港產化妝品開始走下坡。

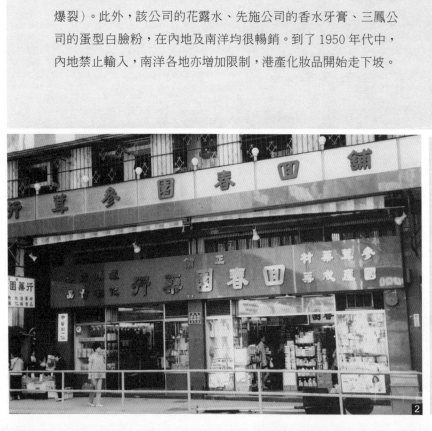

1　接近永和街的一段德輔道中，約 1950 年。這一帶
　包括永樂街及廣源東街的多間店舖及藥行，以及左
　方的瑞興、利成、大新及先施百貨公司均有出售化
　妝品。正中可見 "先施千里香" 化妝品的招牌，電
　車的左方為 "三枝香" 商標的百家利化妝品公司。

2　位於皇后大道西 3 至 7 號的回春園藥行，該店兼營
　化妝品，1985 年。（圖片由陳創楚先生提供）

3　一間位於北角的化妝品批發行，付貨予廣源東街鴻
　昌公司的發單，1959 年。

第五章

生活用品工業

肥皂與香梘

1881 年，有製肥皂者七名。1890 年代，有一間名為 F. Blackhead and Company 的肥皂廠在筲箕灣創設。當時肥皂也稱為 "番鹼" 或 "香梘"。

二十世紀初，已有外國製的長條型肥皂在市面出售，一條可切開四至五塊，供洗滌之用，尤以浣洗衣物為主。

同時，有來自美國的棕欖香梘及捷成洋行代理的鹿仔牌香梘，當時屬於富裕人士的消費品，亦有產自上海的國貨桂花香皂。

1930 年代，有包括有生、中華、兆豐、合和及華生多間製梘廠，分別位於港島及九龍。

CHINESE STREET

和平後，本地肥皂廠或香梘廠生產長條型為主的肥皂，當中包括位於西環的昇平、光興、上海、建昌及瑞華；銅鑼灣的強華；旺角的明和及合和興記等多間，出產金魚、駱駝、三個五、飛機、斧頭及狗頭牌等肥皂。除本港外，亦銷往中國大陸及南洋一帶。1950年，工業普遍蕭條，惟製肥皂業仍一枝獨秀。稍後，還有生產著名雞嘜等長條型肥皂的紹昌及錦昌梘廠。

當時，市面上有一種稱為"雪梨梘"，來自澳洲雪梨（悉尼）的"早晨牌"長條型肥皂。

▲ 由威靈頓街望向介乎皇后大道中（前）、乍畏街（蘇杭街）（中）及文咸東街（右）的十字路口（Crossroads）地段，約1930年。除衣料莊及金銀號外，這一帶有多間經營鐘錶、洋遮、刀剪、皮箱、紙料數簿等的店舖。正中可見一印警，在設於街燈電桿的交通亭站崗。

43

五、六十年代，部分化妝品公司及如大新等百貨公司，亦有生產供沐浴用的香梘，而當時流行的外國香梘有棕欖、力士、佳美、茄士咩、加信士及利華牌藥梘等，亦有國產的新華香梘及蜂花檀香梘等。

後來，中外香梘在港廉價推銷，本港製梘業開始走下坡。長條型香梘亦逐漸被由 1950 年代興起的洗衣粉及洗潔精取代。到了 1970 年代，前述的本地肥皂廠只餘下強華及上海兩間。

刀剪利器廠

十九世紀，有不少鐵匠及鐵舖，部分是專營刀剪等利器者。而部分洋貨店及百貨公司亦有經營本地及產自內地及外國的刀剪。

二戰前後，有多間製造刀剪的本地工廠及門市店舖。較著名有位於皇后大道中近二奶巷（安和里），以及域多利皇后街的"三行（音坑）瓦"的店舖。另一間為始創於戰前的"何岐利"。後來，有多間名稱近似者在各區開設。當中有位於皇后大道中 351 號的"何正岐利"，及"正岐利成記"（雙龍商標）；租庇利街的"何正岐利成記"；上海街的"正岐利啟記"；皇后大道中及大南街的"何正岐利成記"（雙獅商標）。一般消費者看到眼花撩亂，但家家戶戶皆備有其出售的刀剪。

稍後，還有三行瓦榮記、何正岐利合記、何正岐利炳記等，還有正岐利英記，分別位於九龍及筲箕灣。

其他刀剪廠還有永利、生利、劉生利、松利、寶利、萬利、公成及新中華等刀剪廠，後者現時仍在灣仔經營。

與刀剪廠配合的行業是"磨鉸剪鏟刀"，多在街角牆邊檔位，或作流

◀ 提供"劏刀磨鉸剪"服務的流動街頭工匠，約 1935 年。

動式檔位，作"巡迴落區"式提供服務，其足跡亦遍及各高尚住宅區。現時，在包括中半山及港九各區亦不時見到這等磨刀匠的足跡。

熱水瓶

1910 年代，已有名為"寒暑樽"的保溫保冷瓶由外國運來香港出售，宣稱可維持十多小時，每個售 10 元，為當時普羅市民的兩個月薪金。

1918 年，中環的義生發百貨公司，出售保熱水壺，每個售 4 元至 10 元。

1933 年，有華商在旺角創設一群益製造暖水壺廠。

稍後的著名冷熱水壺廠，有位於土瓜灣道生產金錢牌熱水瓶的益豐搪瓷公司，以及用"一味靠滾、認真好膽"為廣告宣傳，印有駱駝商標的唯一冷熱水壺廠，該廠亦生產冷藏瓶及嬰兒奶瓶。此外，亦有一間新成公司生產金鐘牌熱水瓶，還有一間興華實業製造廠。

金錢牌廠於 1950 年代遷往荃灣，而唯一廠則遷往大角咀棕樹街，1970 年代再遷往觀塘。

五、六十年代，金錢牌在工展會大肆宣傳，包括美侖美奐的攤位並熱捧其售貨員為工展小姐，又在港九設立修理熱水瓶的"水瓶醫院"。

1954 年，金錢牌的熱水瓶枳，由水松改為布包的塑膠，而製造玻璃鏡面瓶膽（一如鏡器）的主要材料為硝酸銀，普遍稱為"銀冰"。

稍後的熱水瓶廠還有協成及荃灣的立泰。除本地市場外，港產熱水瓶亦出口往多個外埠，其優良品質頗受用家歡迎。

可是，自 1950 年代起，內地的熱水瓶（初期部分用竹或藤代替鐵皮作外殼者），用較低價格在港推銷，當時宣傳放一把米入內，注以熱水便可"煲"成白粥，對港製產品的銷路有一定影響。

早期在百貨公司發售、亦自設"水瓶醫院" ▶
的金錢牌暖水壺（熱水瓶），1950 年代。
（暖水壺由華資銀行望族馬女士慷慨惠贈）

印花製罐與金屬器皿

早期的印花製罐，有創辦於 1915 年位於石塘咀風月區內、皇后大道西的天真印花鐵製罐廠。1932 年，又有一間位於西環爹核士街的華益印鐵製罐廠。

1930 年代，有一間規模大、位於筲箕灣的康元製罐廠，以及位於西環的大華鐵工廠。除印製鐵罐外，兩者亦生產多種鐵皮玩具。此外，亦有一間位於軒尼詩道的如英印花鐵製罐廠。

和平後的印花製罐廠，有位於西營盤的中國、合眾、新昌和、昌興和、東興和及南興和；東區的同福、合成隆及香港製罐廠；九龍深水埗的昌和及瑞源等。但最大的仍是筲箕灣區的康元以及位於銅鑼灣的如英。

由 1950 年代起，印花製罐廠亦兼製鐵日曆掛牌，以國粵電影女星如夏夢、尤敏、林黛、李麗華、葉楓及樂蒂等最受歡迎，星馬一帶的金莊及藥廠等亦來港訂製。

五、六十年代，包括康元及大華等多間工廠，在工展會推銷其鐵皮玩具產品，如會彈跳的青蛙和小雞、生蛋的母雞、爬登雲梯的消防員或猴子等，皆為兒童恩物。

除印花製罐外，五十年代起有多間生產及製造銻、鋁等合金器皿的工廠，產品有煲、鍋、盆以至食具杯碟等。大型者有大華及同位於長沙灣青山道的鼎大金屬製品廠，和華鋁金屬製器皿廠等。

當時，這等普遍稱為銻的器皿，逐漸取代以往的瓦、搪瓷以及木製品，最顯著的是銻煲取代了瓦罉。

◀ 由荷李活道上望
嘉咸街，約 1935
年。除車衣店外，
也有多間經營大
光燈、柴炭、行
軍牀（帆布牀）及
船椅（馬閘）等的
店舖。圖中可見
多名往"買餸"、
穿白衫黑褲的"媽
姐"（女傭）。

電筒與電池

1905 年，有"電光手燭"，和"電光手燭芯"（電筒和電池）的宣傳廣告。1907 年，已有商人用白鉛、鹽腦及水製作電池出售。1909 年，再有名為"照遠燈"的電筒廣告。1917 至 1918 年間，香港已有工廠生產電筒。

1920 年代，很多家庭已備有電筒，以供晚間上落黑暗的木樓樓梯之用。但最主要的是於發生火警停電時，用電筒照明以逃生。

1930 年代已有包括永備等的多種電池（普遍稱為"電芯"）在港出售。

1930 年代（尤其是後期），香港外圍戰雲密佈，電筒作為應付戰亂停電的重要工具，銷量大增。當時，有十多間工廠生產電筒，包括港島的星洲、長安、嶺南，以及九龍的日昇、南針及福華等十多間。主要銷場為印度及荷屬印度（印尼）。

至於生產電池的，則有港島的保羅、永樂、香港；九龍的真光、星光興業及世界等。

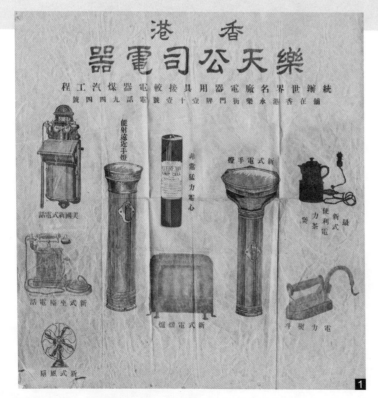

　　和平後，電筒業有長足發展，共有二十多間製造廠，當中以中南、日昇、鄧芬記及崑崙等較具規模。1950年，每月產量約七萬打，主要銷場為南洋、非洲及南美。到了1950年代後期，港產電筒被形容為行銷遍達全世界。一如玻璃鏡及熱水瓶，電筒的主要生產材料亦為硝酸銀。

　　電池業由戰前起已頗為發達，戰後的1947至1948年間亦發展蓬勃，當時的銷場為南洋、印度及非洲，共有十多間工廠，包括部分於戰前成立的保羅、星光等，但規模則以位於馬頭角的蓋一，旺角的興華為最大。1950年代的著名電芯品牌為五羊及飛彈等。

1　樂天電器公司的包裝紙，約1930年。可見當時的電手燈（電筒）、風扇、茶煲、熨斗、暖爐和電芯。還有當時的"新式"掛牆及座枱電話機。

2　元朗大新街的榮光汽燈行的發單，1958年。五十年代，在新界及港九多個地區，汽燈尚為主要照明工具。

3　在中環卑利街近堅道製造洋遮（雨傘），及提供維修服務的專家何洪希先生，1998年。

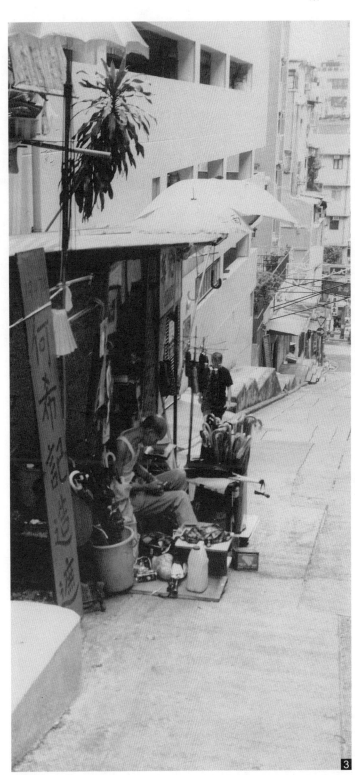

第六章

能源與照明

電力與照明

1855 年，維多利亞城設備用火油燃點的街燈。

香港中國（華）煤氣公司於 1862 年成立，該公司在西區石塘咀皇后大道西與屈地街一帶建立煤氣廠，並於 1864 年 11 月 12 日開始運作，是最早的商營公共機構。俟後，港島大部分街燈改為煤氣燈。1892 年，九龍開始有煤氣供應。到了 1895 年，在油麻地佐敦道、炮台街與上海街之間，興建分局（廠）。之前，九龍的街燈只為煤油燈與蠟燈。

1880 年，一間美國費城那文公司，在香港推介"電氣燃點燈火"（電燈），但要到 1890 年香港開始供電時才能實現。

香港電燈公司於 1889 年成立，股本 30 萬元，遮打爵士（Sir Catchick Paul Chater）為"創辦董事"。該公司同年着手在灣仔"綠樹成蔭的郊區"（即現時星街、永豐街與電氣街一帶）興建一間發電廠，於 1890 年底開始供電，部分街燈亦同時改為電燈。此外，亦供應電力予九龍之酒店。

1897 年，該公司在報章刊登廣告，形容香港之電燈為"晶球高朗"，廣州者難以相比，鼓勵港人多用。

▲ 由石塘咀保德街向下望煤氣廠，約 1890 年。左下方兩座圓型煤氣鼓前為加倫台，中間為中街。煙囪與辦公樓（現創業中心所在）之間，是以早期該公司的經理命名的屈地街。右中部的山坡曾置有炮台（現聖類斯學校所在），其前方為炮台道。1890 年代，炮台道及中街被平整，變為由薄扶林道至卑路乍街之間的皇后大道西。

◀ 中國（華）煤氣公司推廣煤氣燈的廣告，1895年。

▲ 紅磡黃埔船塢旁，大環山前的泳場，約
1928 年。左方有煙囪的建築是中華電
力鶴園發電廠。

　　1901 年在廣州成立的"省城電燈公司"，即
"中國（華）電力有限公司"，於 1903 年在九龍設
公司供電。發電廠最初設於紅磡近漆咸道。1905
年股本增至 50 萬元。1906 年遷往鶴園的新廠。
1914 年，該公司溢利為 19 萬元。

　　1913 年，長洲成立電力公司。同年，港島筲
箕灣亦着手裝設電燈。

1919年，香港電燈公司在北角七姊妹筲箕灣道（電氣道）建成新廠，但因歐戰影響，新發電機未能運到。及至新發電廠於1922年開始運作後，灣仔發電廠關閉，地段發展為民居。

1924年，港燈在皇后大道中2號、原電話公司及東亞銀行所在，開設陳列所及收費處，三個月後遷往德輔道中23號鐵行屋宇（大廈）。

1　約1900年的九龍寨城，左邊草屋簷旁可見一煤氣燈。

2　灣仔皇后大道東，約1905年。馬路上已有電線桿和電街燈（右）。當時的發電廠便是設於這一帶的永豐街、電氣街、日街、月街和星街的地段。（圖片由佟寶銘先生提供）

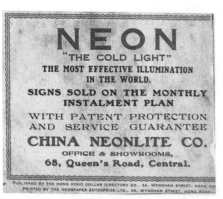

▲ 推銷霓虹燈的廣告，1930 年。

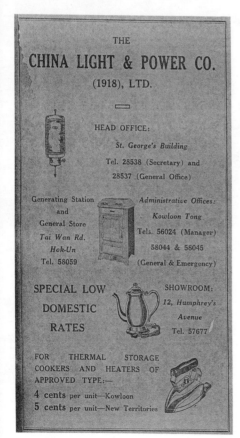

▲ 中華電力（1918）有限公司有關電力收費的廣告，1936 年。

1930 年，一間 China Neonlite Co. 刊登提供霓虹光管的廣告。

1934 年 5 月 15 日，石塘咀煤氣鼓爆炸，波及鄰近之加倫台和晉成街，死四十餘人，燒毀房屋十多幢。

日軍佔領九龍時，英軍先炸毀中電之發電廠，又在港島發炮將佐敦道煤氣廠之油庫炸毀，當時火光沖天。

日佔的三年零八個月期間，香港電燈及中華電力被改組為“民治部產業課電氣事務所”。後來，轉變為“民間”的“香港電氣廠”，由台灣運煤來港發電。後來因燃煤短缺，改用柴發電，供電時間不斷縮短，亦常停電。稍後至 1945 年 4 月起，供電時間由晚上 8 時至 12 時，一直維持至和平後的 8 月底。

在此情況下，火水（煤油）燈為當時主要照明工具，包括粵劇場也恢復用手拉布幕的“人力風扇”。停電期間，各鐘樓的電鐘及收音機亦停止運作，市民不能對時。

1945 年 9 月初，一度由英艦供應電力，直到同年 10 月 4 日，電力供應才完全恢復正常。

至於煤氣公司，於淪陷時被易名為“香港瓦斯廠”，到了 1944 年 8 月供應完全停止。到和平

後的 1946 年 1 月，煤氣供應
才告恢復。

1950 年代起，社會發展
迅速，電力及煤氣需求大增。

和平後，大量商店及廣告
以至招牌等用霓虹光管作裝
飾，當時的光管公司有華南、
利華、利國、大華、中國及國
泰等多間。

1968 年，香港電燈的發
電廠，由北角遷往鴨脷洲。到
了 1982 年，再遷往南丫島波
蘿咀。位於北角及鴨脷洲的兩
處舊址，於 1980 年代初起分
別發展為城市花園及海怡半島
等住宅屋邨。

1969 年 4 月，中華電力
位於青衣的發電廠落成。而鶴
園的發電廠原址，後來興建為
住宅屋苑"海逸豪園"。

1970 年代中，長洲的電
力改由中華電力供應。

1　碇泊於香港仔海旁與湖南街交界的珍寶海鮮舫，約 1977 年。右方
　　可見香港電燈位於鴨脷洲的發電廠，所在現為海怡半島屋苑。

2　香港電燈位於南丫島的發電廠，約 1982 年。

1990 年，為慶祝成立 100 週年，香港電燈公司於 9 月 30 日起在中區舉行為期一個月的 "電燈節"，周遭的街道、建築物、花園及廣場，皆裝飾以大量的霓虹燈及綵燈，十分壯觀及耀目。大批市民踴往皇后像廣場一帶參觀。

中華電力公司亦於 2001 年慶祝成立 100 週年。

電器用具方面，1910 年有一間大光公司，代理一種 "燈力電風扇"，只燃一盞小火水燈，即可旋轉生風。亦有一英國製用火水發動之電燈。直至 1971 年，在離島吉澳仍可見用火水燈發動之雪櫃（電冰箱）。

1921 年，有包括 GE、GEC、愛迪生、飛利浦及 Osram 的電燈泡。同時起多間電器行包括代月、華美及中原等，在德輔道中陸續開設。

和平後的 1947 年，本港共有七、八間製造電燈泡的工廠，包括國強、星光、中國、新光及東方等，全位於油麻地和旺角區。港島則只有一間位於耀華街的光華。

電燈泡的生產過程為半手工、半工業（機製）狀態，全港月產約 600 萬個燈泡。銷場以印度及巴基斯坦為主。1960 年，電燈泡工廠增至 34 家。

火水與大光燈

其他能源方面，早期有不少家庭用火水燈（煤油燈）作照明及用火水煮食，一直維持至 1970 年代。

1906 年，有一間位於德輔道中 109 號的大光公司，出售各類火水燈及微氣燈（或稱氣壓燈、風燈、氣燈），供醮務、宴會及喜慶場所應用。此種汽燈由該公司定名為 "大光燈"，

後來一直沿用。著名餐廳"美利權"於 1910 年代起，亦兼售大光燈。

1909 年，已有三達（Standard，即後來的美孚）火油公司在香港成立，以供應電機車（汽車）能源。同年，該公司在紅磡庇利船廠建造的運油船下水，該船可載火油（電油）4 萬加侖。

▲ 由石塘咀山道東望皇后大道西，1969 年。石油氣為當時時興的家用燃料，可見多家石油氣公司的招牌。（圖片由麥勵濃先生提供）

1922 年，在荔枝角及石塘咀建有油庫。1920年代，七姊妹區亦有一座亞細亞火油倉。1941 年九龍淪陷後，英軍將這一帶的油庫焚毀。

　　1940 年歐戰發生後，港產的風燈、大光燈十分暢銷。

　　1947 年，一種美國 Tilley 牌大光燈，宣稱"1元火水，可燃點 30 小時"。當時，大光燈主要用於攤檔麇集的露天場地，如荷李活道大笪地、上環新填地平民夜總會，及油麻地榕樹頭等。1953年，風燈、氣燈及大光燈的主要銷場為電力短缺的亞洲地區。最大的代理及發行公司為位於灣仔軒尼詩道的立興。至於工廠則有駱克道的福祥、深水埗區的光宇及中美等。

尖沙咀梳士巴利道，約 1950 年。前中部可見一"殼牌"（或稱"蜆殼"）汽車加油站。（圖片由吳貴龍先生提供）

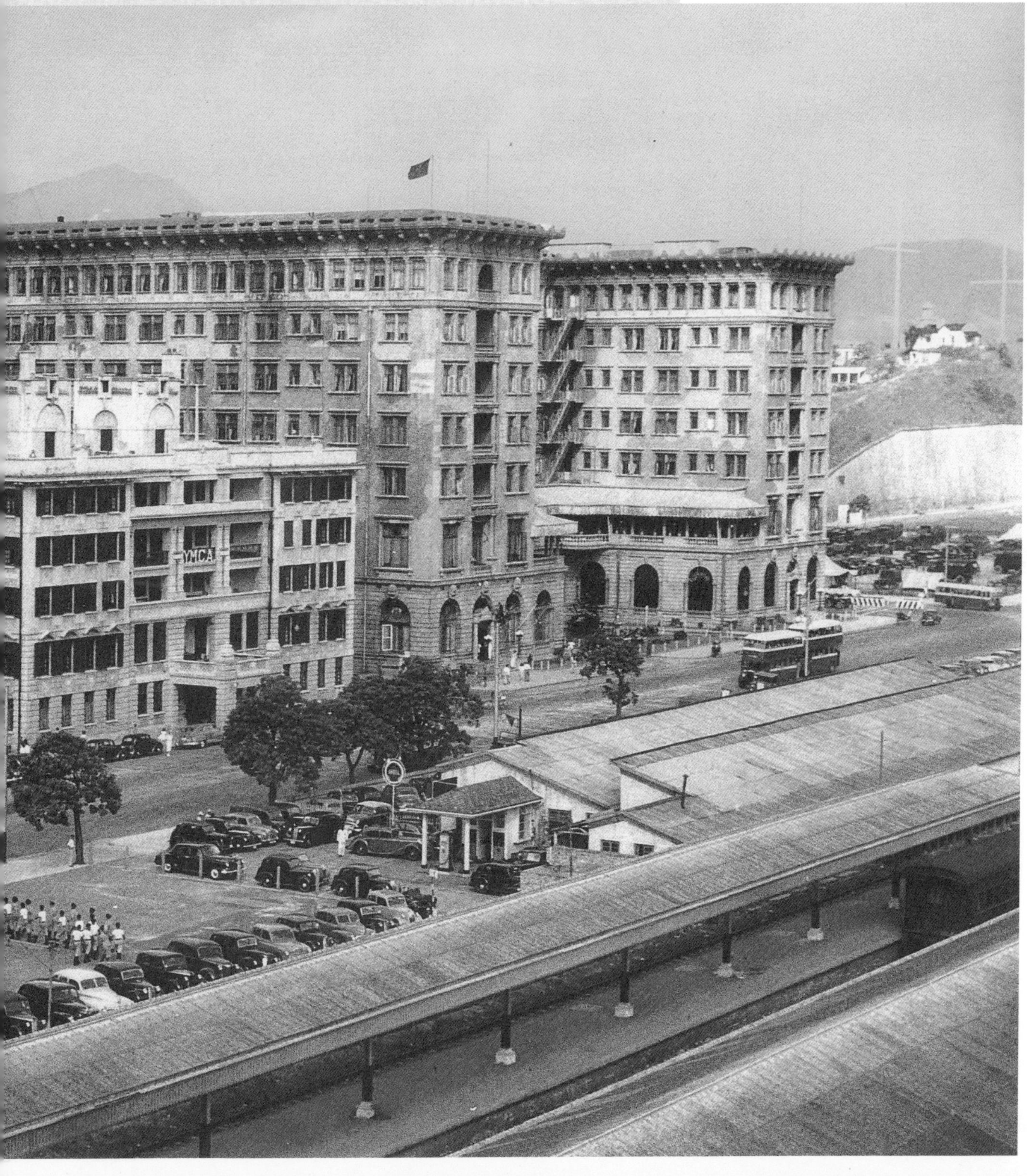
YMCA

煤炭與木柴

　　早期的能源也包括煤炭及木柴。開埠不久，已有不少柴炭舖在各區開設。

　　怡和洋行亦有龐大的煤倉及柴倉設於東角及燈籠洲區，倉庫所在現為百德新街、加寧街與登龍街一帶。

　　1897年，新旗昌洋行代理各埠的煤炭及偈油脂（潤滑油）。同時，有一位於機利新街的三益隆，出售煤炭、局炭（曲炭，coke）及他油（柏油、瀝青，Tar）。

　　1902年，著名的曾富公司亦經營煤炭，該公司於灣仔海旁東（莊士敦道）近二號警署設有煤

▼ 迄至1970年代，不少舊式樓宇住戶仍用柴炭作煮食燃料。圖為挑着一擔（一百斤）柴的送貨人，約1955年。

倉，屬下有一位於德輔道中 48 號的三榮興煤炭店。

1919 年，煤炭咕喱（搬運工人）館，宣佈伕力價增加約 25%。

1921 年，位於高陞街的利源長參茸行，亦為內地煤炭的總批發商。

至於柴，主要為來自內地的松柴，以及山打根、北婆羅洲（沙巴）一帶的坡柴。於 1940 年，柴價每港元 32 斤，炭價每港元 11 斤。購買是以每擔（100 斤）計，柴店是免費送貨上門者。不少柴炭店及雜貨店亦兼售火柴。所有柴炭店招牌上的 "炭" 字，例為黑色者。

早自 1881 年，本港共有製火柴者 13 人。二十世紀初已有若干間火柴廠設於紅磡區，當中一間為花旗火柴公司。當時已有 "五彩頭火柴"。

由戰前至和平後，香港的火柴廠計有：大中國（位於坪洲）、香港（土瓜灣），其他為昌明、大光及九龍等，主要銷場為南洋一帶。

日治時代，柴與被名為 "燐寸" 的火柴，是配給出售的，須憑米票排長龍購買，因數量不足，大量排隊者空手而回。亦有被迫高價購買砍碎了的傢具或從住宅拆下的木料所做成的 "私柴"。不少人則用乾草、乾樹葉以至垃圾作燃料。有不少業主將樓宇拆卸，出售木料作柴，亦有歹徒因此將樓宇盜拆。

和平後，柴和炭仍為主要煮食燃料，1950 年代，逐漸被火水（煤油）爐所取代。六、七十年代則以石油氣為主，而稍後落成的大量樓宇，皆設有電力及煤氣喉管。

▲ 設於都爹利街的煤氣燈，約 1980 年。

第七章

造船用品工業

　　1881 年，本港造船艇者有 110 人，造槳櫓者有 43 人，亦有百多人專門製作船纜及帆
幔者。1883 年，有一間位於海旁中（德輔道中）的罷力乞公司（Blackhead & Co.）為一大
船具商及煤商。規模最大的船具商為其鄰近的連卡佛。於二十世紀初，有一間位於租庇利
街 3 號的浩記，專造帆幔、布篷及旗幟。

　　至於製造供外洋船隻應用船具及器械的廠房或作坊，多開設於船廠附近。1877 年，有
一間於機利文街設立的華資船具及船廠廣協隆，其廠房設於大角咀四海船塢（現大同新邨
所在）旁邊。另一家業務相同者為於 1897 年成立的同泰昌記。

62

十九世紀後期，還有很多製造外洋船艇船具之鐵匠及店舖，分佈於港九各區，尤以中環的永安街最為集中，整條街的店舖皆生產包括鐵鏈等船上用品。各店皆置有一火爐，街道上充滿打鐵聲和火屑。由 1900 年起，這些用品店才轉變為呢絨及布匹店，其別名亦由 "打鐵街" 轉變為 "花布街"。

其他船具廠則開設於西環卑路乍街、灣仔海旁東（莊士敦道）、深水埗（早期有一條 "打鐵街"）、長沙灣、油麻地及土瓜灣一帶，當中以灣仔海旁東與機利臣街交界的分域機器廠（分域街以其命名）為最大者。

▲ 位於港島的一座船廠，1928 年。工人們正在鋸木製造船艇。

▲ 中環干諾道中的碼頭及船艇碇泊區，約 1928 年。正中租庇利街右方的第五、六座樓宇是浩昌和船具公司。

龐大的"香港蔴纜廠"於 1885 年在堅尼地城創立,所在為早期名為"垃圾灣"的卑路乍街。其生產大量大洋船及舟艇所需的繩纜,最長者可達 9,000 英呎。這個位於卑路乍街 102 號的廠房地段,在 1960 年代中改建為住宅樓羣"聯邦新樓"。至十九世紀,亦有若干間華資的機製"蔴根"(纜)廠。淪陷時期,"香港蔴纜廠"被改名為"香港蔴纜工場"。

1920 年代至和平後,大量船具廠或門市店舖於港九及新界創設,包括位於同文街的祥興及廣隆春、永吉街的泰興、干諾道中的廣生、油蔴地新填地街的泰隆、廣東道的泰隆棧、長沙灣的怡生,以及大澳的海安等。規模較大的一間,是位於干諾道中近統一碼頭的宏記及浩昌和。亦有部分辦館除供應艦隻伙食外,也供應船具及煤等。

1950 年代的船燈製造廠有大華,以及於禧利街設有門市部的東和。

1 大角咀通州街的英輝修船廠,1964 年。(圖片由呂偉忠先生提供)

2 長沙灣荔枝角道的宏德船廠,1964 年。(圖片由呂偉忠先生提供)

3 位於牛頭角觀塘道前、九龍灣的有榮船廠,1964 年。右方為 2016 年中發生迷你倉大火的淘大工業村。左方為正在改裝的港澳渡輪"澳門號"。(圖片由呂偉忠先生提供)

第八章

建造業

香港自 1841 年開埠起，一直進行大量開發及基建工程，包括移山填海造地，闢築馬路、海堤，興建樓房、軍營、船塢、倉庫及水塘等。當時眾多工人、石匠由澳門及中國內地湧至香港，從事打石、木工、泥水等建造工作。

根據 1881 年的統計，香港有華人"督理建造者"（建築師）5 名、泥水匠 542 名及石匠 1,439 名。1870 至 1880 年代的重大工程有興建大潭水塘、銅鑼灣高士威道兩旁填海和興建避風塘，以及 1889 年開始的中西區大規模填海等。當時香港的著名建築物，有港督府、大會堂、畢打街鐘塔、軍營及海軍船塢、國家醫院、中央書院、聖約翰座堂，及天主教總堂等。

從 1894 年《香港雜記》所載，全港有建造泥水舖五十多間。

GOVERNMENT NOTIFICATION.

Tenders will be received at the Surveyor General's Office on or before the 20th instant, for the following works:—

Item 1.—The Reconstruction of the Cemetery Chapel in the Wong-nei-chung Valley.

Item 2.—The Construction of a portion of the Praya extending from the Premises of Messrs Wardley & Co., Lot No. 104, to the Parade Ground Road.

Item 3.—The Construction of a portion of the Praya at Bowrington, near Lots 457, 458, and Marine Lot No. 52.

Item 4.—The Construction of a portion of the Praya at Wanchi.

Item 5.—Repair and Reconstruction of the Road from Pokefulum Bridge to the Town of Aberdeen.

Plans and Specifications may be seen upon application at the Surveyor General's Office, between the hours of A.N. and 3 P.M.

By Order,

W. T. MERCER,
Colonial Secertary.

Colonial Secretary's Office, Victoria, Hongkong, 6th October, 1859.

憲　　　　　示

（為招人投票承接皇家建造工夫事

第一欵為實修黃坭涌山邊紅毛墳內之
小羅拜堂

第二欵興築石礮一幅由挖厘公司行
起至大草埔馬路處止

第三欵添興築石礮一幅在鵝頸近四百
五十七至四百五十八欵與海旁地第
五十二欵處

第四欵又在灣仔築造石礮一幅

第五欵薄山路一帶由博湖林石橋
至石排灣街

此票限至九月二十五日截收如不明
詳細意欵觀看圖形與登程者每日
自早十一點鐘起至晚三點鐘止可
請至量地官署內觀看便是

一千八百五十九年十月初七日示
　　　　　　　　　　末九月十二日示

▲ 約1889年的寶靈海旁中（德輔道中）。當年開始進行中西區大規模填海，可見一填海的界標。左方四層高的建築是由域厘行改建，於1886年落成的第二代滙豐銀行。右方為即將重建的香港大酒店。

◀ 1859年，政府憲報刊登招標承築政府工程的通告，包括重修禮拜堂、填築海堤及修建香港仔石排灣街。通告第二款中的"挖厘公司"（或稱域厘行（Wardley & Co.））於1965年為滙豐銀行行址。大草埔馬路於數年後易名為"花園道"，大草埔的美利操場（Parade Ground）現時為長江中心所在。

1　約 1895 年的中區新填地。正在平整的皇后像廣場和遮打道
　　上，已建成將置放維多利亞女皇像的花崗石寶亭。其左為重
　　建的五層高香港大酒店，於 1891 年落成。

2　皇后像廣場及附近的填海闢路（遮打道和干諾道）工程正進行
　　中，1897 年。右方為同年落成的香港會所，海面可見白色的
　　添馬艦。（圖片由佟寶銘先生提供）

3　新海旁馬路的干諾道中，約 1910 年。中環街市（右面）前為
　　落成不久的第一代香港影畫戲院。正中砵典乍街的右端將興
　　建域多利戲院。左端可見十多座新落成的四層高樓宇，以及
　　位於德忌利士街口的同名船公司大樓。

▲ 新海旁馬路的干諾道中，1926 年。砵典乍街口的左右兩端，分別為日本旅館清風樓，以及由域多利戲院改建而成的東京酒店，及背後的爹核行（David House）。油麻地小輪碼頭後，為由香港影畫戲院改建、將於同年落成的滅火局（消防局）大廈（現恒生銀行所在）。

二十世紀初，有關建築行業的商會有：建造業商會、建造工業總會、油漆行公會，以及該行業東家（東主）組成之東義堂等。

稱為"三行"之建築、做木及泥水工人的工會，計有魯班廟廣悅堂、油漆行業工會彩致堂，以及尊崇有巢氏為先師的搭棚工會等。當時，三行工人的"工頭"之名稱為"褦首"。1921 年，建築工人及木匠的日薪為 1 元，較一般普羅工人為高。

自二十世紀初起，著名的建築家之一為伍華。他承造大量政府建築工程，計有 1909 年興建油麻地至旺角的避風塘、開闢灣仔至淺水灣包括司徒拔道、黃泥涌峽道和淺水灣道等，以及往石澳的馬路。伍氏描述這些道路開闢時的情景，既怕山嵐瘴氣，又怕盜匪。當時有 600 名工人居住於銅鑼灣搭建的棚蓬內。

另一間由譚肇康擔任司理人的生利建築公司，則承辦另一項大工程，該工程為於 1921 年起進行，夷平摩理臣山並將沙泥及石塊用作由海旁東（莊士敦道及軒尼詩道）伸延至告士打道的灣仔填海工程。譚氏後來經營多家建築公司，承建多項龐大工程，包括 1930 年代起迄至戰後，興建中環告羅士打行、改建纜車車路、北角填海以及興建石梨貝水塘等。

另一著名的建築公司為祥興，其承辦的工程包括 1924 年落成的華人行、1933 年的佐敦道汽車渡輪碼頭、1935 年的東亞銀行大廈，以及 1950 年代的歷山大廈和遮打堂大廈等建築。

1920 年代，因物業價格高漲，為建築業的最興盛時期，到了 1930 年代中，才因世界不景氣而走下坡。

▼ 正在搭棚建屋的地盤，約 1935 年。

1941 年，已有一建新營造公司，經營名為 "Frank" 的打樁系統。

和平後的知名建築家，有香港政府特許建築商 "福利建築公司" 的何耀光，其所承造的工程包括大欖涌水塘、政府合署、港九之新天星碼頭，以及多項填海、開闢馬路和水務工程等。

另一位是在 1946 年創辦鴻星營造公司的吳多泰。鴻星是首創以分層方式出售樓宇的機構，成為樓宇出售的楷模。

而最為人樂道的一位，是昌利建築公司的張鎮漢。該公司於 1954 年超速建成多幢位於石硤尾、大坑東及李鄭屋邨的七層徙置大廈，以及於 1957 年落成的北角邨廉租屋宇等。其他知名的建築及營造公司還有：正記、恆興、永康、益新、大生、有記等，多間亦經營樓宇的興建和出售。

1950 年代中期開始，大量公私營基建着手進行，多項大型工程由各公司承辦，當中包括保華、保利、新昌、孫福記、建新、協興，外商的金門及熊谷組等多家，還有一間經營打樁業的惠保。

1 1952 年的干諾道中，一年前開展的填海工程正在進行中。新填地將發展為設有大會堂、新皇后碼頭及天星碼頭的愛丁堡廣場。滙豐銀行前仍可見舊皇后碼頭。

2 1960 年的中環。愛丁堡廣場上正興建大會堂。右方畢打街口的於仁大廈（後來易名為"太古"大廈），即將落成。此新廈將併建右鄰之於仁行。

75

▲ 1963 年初的中環。可見於過去一年內落成的大會堂、希爾頓酒店、於仁大廈及消防局左鄰的恒生銀行大廈（現盈置大廈所在）。左方興建中的文華酒店亦於同年落成。其對開海面迄至上環林士街的新一期填海工程亦同時開展。

農曆六月十三為魯班先師誕辰，各建築公司、木工、泥水、油漆等"三行"行業均大肆慶祝，並設宴宴請員工、同行及客戶。所有裝修泥水的店舖皆於舖前懸掛耀目的燈籠，並派"師傅飯"及餸菜予街坊，不少坊眾持碗排隊領取。

建造業其中重要一行是搭棚。1927年，已有一間位於九龍城西貢道的合記棚廠。戰後有若干間以"合"字為名，包括安合、義合及盛合等棚廠，於港九各區開設，尤以深水埗界限街與通州街一帶為最多，這一帶對開海面不時浮滿竹枝，成為奇觀。

搭棚從業員工會為"港九搭棚同敬工會"。五十年代，搭棚師傅被稱為"搭棚'圈'"，大量基建及樓宇興建皆始於棚架的搭建，搭棚匠的高超技藝深受中外人士的讚賞。

▼ 1988年的中環，可見正在興建的中銀大廈。圖中的富麗華酒店、水星大廈、壽德隆大廈、希爾頓酒店、太古大廈等，皆於稍後陸續被拆卸重建。（圖片由何其鋭先生提供）

約 1969 年的九龍塘區。前中部為廣播
道（當時仍稱為龍翔道）的無綫電視及
左鄰的亞洲電視台。右中部為浸會學
院，其前方的地段即將興建香港電台。

第九章

石礦

開埠初期，香港島有若干座包括大量為花崗石藏的石礦場，遍佈於西區、跑馬地、大坑、銅鑼灣、鰂魚涌及阿公岩一帶。當時港島的開發、基建、移山填海、樓房及道路築建等，所需的石材都是就地取材，從上述石礦場採取。同時，大量來自澳門及內地的勞工，進行採礦及打石工作。早期有於 1860 年代成立的福安公司，經營一個位於西灣河區的石礦，一直經營超過 100 年。

迄至 1930 年代，石礦場被稱為"石塘"，西區石塘咀的名稱亦源於此。可是，石塘咀的石礦場於開埠前已停止開採。十九世紀後期，當局在這個荒廢的石塘進行平整和填海，工程完成後，發展為著名的塘西風月區。

1861 年英國政府兼併九龍半島後，開始在大角咀及油麻地的角麟山（現文明里一帶）的石礦場採石。

十九世紀後期，大量在紅磡至土瓜灣的石礦被開採，不少人在馬頭涌聖山上宋王臺一帶採石，為保存此古蹟，華人代表何啟支持居民禁止在此採石的請求，向當局建議保存宋王臺，獲當局答允。隨後，在此建一"禁採石碑"。

▲ 由九龍城望土瓜灣的若干座石礦山，約 1930 年。這些位於落山道及新山道一帶，包括馬坑涌山等的石山，於 1951 年起陸續被夷平。

牛頭角村、茜草灣村、茶果嶺村及鯉魚門村，為九龍灣東岸四座古村，這些古村背後有多座石礦山。英國租借新界之後，於 1904 年批出這一帶多幅礦場地段，供人開採。不少採石工人，居於牛頭角村現佐敦谷一帶的寮屋。

　　1906 年，當局再批出多幅位於柯士甸道、油麻地、大角咀及福全鄉以供開採的石礦地段。1918 年，再招標開投七姊妹、筲箕灣、佐敦道、福全鄉、鶴園、馬頭角、牛頭角、茜草灣、茶果嶺及鯉魚門的採石礦地。

　　1921 年，當局在灣仔進行大規模填海，着手夷平摩理臣山，將泥石用作堆填物。但不少山段為石礦，以致移山工程進展緩慢，一度停頓。

　　1930 年，政府再招標開投亞皆老街、九龍塘、鶴園、馬頭角、土瓜灣及大石鼓（現農圃道一帶）的石塘（石礦）。

　　淪陷時期的 1943 年，日軍在港興建香港神社及忠靈塔，所需的花崗石是在跑馬地基督教墳場及養和醫院對上的山段間爆取。

　　1949 年，茶果嶺村後的山石被開採，運往北角進行填海。同時亦開採七姊妹之石礦。1954 年，港府在大坑道渣甸望台（渣甸山）起迄至金督馳馬徑一帶的畢拿（拉）山開設新石礦場，以代替位於七姊妹的一座。1950 年代，開始用機器採石代替人手。

　　由 1950 年代中期起，大量填海工程、新道路開闢，以及興建
高樓大廈，需要大量石材，故石礦的開採激增。

　　1970 年代中，有兩座政府經營的石礦場，另有六座為政府核
准商辦者。大部分石礦場位於秀茂坪安達臣道一帶，當中包括大亞
石業、安達臣石礦及嘉華石礦等機構。由於香港的石礦供應不缺，
香港的石材一直以來均可自給自足。

第十章

水泥

所有大小基建及樓房營造,除石塊和碎石外,水泥也是不可或缺。大部分建築和營造機構及店號,早期被稱為"建造泥水舖"。

水泥,又名英泥、英國泥、祖家泥、洋土灰及絲棉泥(Cement),早期由包括咪也、喇行(Gibb Livingston,仁記)等若干家洋行代理和進口。十九世紀後期,一家新旗昌洋行(Shewan, Tomes & Co.)亦代理澳門生產的青洲英坭。該英坭廠於 1887 年成立。

1899 年,青洲英坭廠由澳門遷港,在西環、紅磡及深水埗建設工廠投產,當中以紅磡鶴園馬頭圍道一帶的廠房規模最大。三區的廠地共約 100 萬英呎。約 1910 年,該公司每年可生產英坭 12 萬噸,其中 9 萬多噸是供出口者。

英坭公司又於深水灣設廠生產磚、地磚、瓦及瓦管,該間位於香港仔旁邊的廠房佔地甚廣,備有先進器械,運用蒸汽烘焙磚瓦。

　　日治時代，青洲英坭廠被改名為"香港士敏土（Cement）工場"。

　　和平後，各類建設恢復進行，水泥需求大增。1950 年，青洲英坭為香港股市實業類股之中，交投最多的股票。

　　1960 年代，青洲英坭位於紅磡馬頭圍道一帶的部分廠房，曾發展為青堡大廈及國華戲院等商業建築。到了 1970 年代後期，整座英坭廠他遷後，該一帶全部地段改建為新型商業樓宇。

　　至於其他生產及經營水泥的機構，還有香港水泥公司、國際英坭公司，以及萬達石英粉廠等。

　　青洲英坭現時為長江基建轄下公司。

第十一章

製漆

二十世紀初，香港已有製漆廠，最大規模者為國光（Duro）。1939年，國光漆廠由太古洋行接管，其生產的油漆除供應太古船塢及旗下船隻需要外，還在香港及內地推銷。戰後，該廠的廠址位於北角馬寶道。

1930年代的大規模漆廠，還有位於北角英皇道704號、生產駱駝漆的國民製煉漆油廠，以及位於旺角鴉蘭街1號，生產菊花牌漆油的中華製漆廠。

1939年，報章已將"製漆行"定性為一個重大行業。

淪陷期間，製漆業損失甚大，國光漆廠被改名為"福大公司第一、第二漆油工場"。和平後該廠旋即回復舊觀，當時各漆廠已可生產七、八種包括夜光漆、汽車磁漆、金銀漆及手掃漆等高質素產品。除本地銷售外，有超過百分之五十的產品銷往內地、東南亞、印度、中亞以至非洲等地。

當時的龐大漆廠除國光、國民及中華外，還有位於銅鑼灣玻璃街（琉璃街）2 號，生產鐵橋牌漆的香港製漆廠。此外，還有位於玻璃街 1 號的建國漆廠、位於亞公岩生產鑽石牌漆油的致利製漆廠，以及位於牛頭角生產雙輪牌漆油的大華製漆廠。

稍後，還有香港及遠東等多間漆廠。當時的三大華資漆廠為國民、中華及香島。所產油漆可用於樓宇、傢具、飛機、輪船、車輛及機器等。

由於港產油漆質素上乘兼且價錢廉宜，在海外市場有良好聲譽。而本地銷售方面，港府的工務局亦為重要客戶。

由 1960 年代起，大部分製漆廠皆遷往新工業區觀塘。

▲ 約 1970 年的鰂魚涌。左中部的太古船塢現為太古城屋苑，右下方為國光漆廠所在，該一帶現時為太古坊。

◀ 位於長洲正在製造龍舟的船排（船廠），
約 1970 年。該船排亦代售漆油。

第十二章

銀硃與
化工原料店

1870年代，《循環日報》刊載，銀硃及水銀是本港其中一項大生意。而在1881年港府的職業統計中，有製銀硃粉人123名。

所謂銀硃，即是俗稱的"花紅粉"，為早期重要的染料。其他染料或化學品有靛青、黃丹及鉛粉等，當時有不少專營此業的顏料店。1880年代，多間開設於南北行街、西營盤以至深水埗一帶，包括大益齋、太和及貞記等，不少亦兼售工業原料者。

1905年在蘭桂坊開業的廣生行化妝品公司，亦出售硝酸、鹽酸、硼砂以至玻璃碎粉等化工原料。一年後，在蘇杭街開業的源廣和銀硃店，亦以銷售又名"盒仔茶"的甘和茶而馳名。

1914 年至 1918 年歐戰期間，顏料不能運港，以致價格飛漲，不少人因囤積而發了大財。

1930 年代起，不少顏料及工業原料店於皇后大道中與德輔道中之間的同文街及興隆街開設。規模較大者，有共商及義利等，後者且在東角（現百德新街一帶）設有廠房。另一間著名的為瑞香園。該行業之商會為"銀硃顏料行"；和平後改為"香港工業原料商會"。

不少工業原料店亦經營糖精。淪陷時期因食糖缺乏，一罐孟山都（又名萬三都），可換唐樓一幢。

1　由德輔道中望同文街，1992 年。兩旁有約 20 間化工原料店。此街仍維持十九世紀後期的特色，正中有一去水明渠，屋宇只有三層高。1992 年，同文街、興隆街及永安街等街道被清拆平整，以興建中環中心。

2　位於皇后大道中 109 號的余仁生藥行，1991 年。藥行的左面為同文街，右面為興隆街，兩條街均有多間化工原料店。1878 年，一場沖天大火燃燒至半山近中央警署，便是由一間位於興隆街的原料店失火所引致。正中電燈桿後有簷篷的街檔，便是著名的楚記燒臘。

由上環摩利臣街望永樂東街， ▶
約 1952 年。右方可見一間工
業原料店啟泰行。

和平後的 1946 年，顏料、工業原料及糖精，因戰事長期停產仍然短缺。到了 1947 年，大量訂貨湧至，價格暴跌。最顯著的是孟山都糖精，由 300 元一罐跌至 32 元（當時普羅工人的月薪約為 20 至 30 元）。

早期的本地化工廠，部分除生產哥士的、炭精、膠木、清潔劑原料、化妝品及糖精外，亦有製造味粉者。當中以設於宋皇臺道的"天廚"規模最大。其他味粉廠則分佈於港九大街小巷，味粉的名稱有"味精"、"味本"、"味櫂"、"味霸"及"味之英"等。

1992 年，包括國泰、福利、共商及義利等工業原料店雲集的同文街及興隆街，因市區重建而清拆，不少店舖結業。部分遷往蘇杭街及深水埗荔枝角道一帶。不少味粉廠亦由 1970 年代起紛紛結業。現時仍屹立不倒保持原來面貌者，為位於蘇杭街 112 號，銷售"盒仔茶"的源廣和銀硃店。

▲ 於 1906 年在蘇杭街（乍畏街）開業、出售又名"盒仔茶"的"源吉林甘和茶"的源廣和銀硃店，攝於 2006 年。

第十二章

銅鐵與五金店

1870 年代，香港已有不少銅鐵店舖（或稱為"打鐵舖"）以及營銷金銀銅鐵錫和工具器材的五金店，於中、上環的乍畏街、禧利街及永勝街等開設。1880 年代，有一間專售錫器的"洽興"，位於上環和興西街（皇后街）。和平前後，該街亦有一間具規模的"百興隆錫莊"。

根據 1881 年的統計，全港有鐵匠 708 人、銅匠 542 人、白鐵（鋅鐵合金）匠 173 人及白錫匠 172 人。

十九世紀後期，整條中環永安街，全為鐵器店舖及作坊。踏入二十世紀，才轉變為呢絨布疋店，俟後更有"花布街"之名。

1920 年代，有不少打鐵店開設於西營盤第三街的西端。為免打鐵聲影響天主教神父主辦之聖類斯學校，打鐵店被着令他遷。

1930 年代，該業的行會為"新舊銅鐵行商會"。

和平後，打鐵舖及五金店集中於港島的威靈頓街、伊利近街、急庇利街、德輔道中、駱克道，和九龍的上海街、新填地街及廣東道一帶。一間老牌的"永利"現仍在威靈頓街原址經營。

▲ 由急庇利街望乍畏街（蘇杭街），正中為禧利街，約 1920 年。除綢緞布疋外，乍畏街亦有多間銅鐵雜貨及器皿店。

1950 年代初，在韓戰影響下，七十二行當中"收買爛銅爛鐵"的行業也興旺起來，其中可分為收買商、收買店及收買佬。後來是沿街呼喊上門收購。港島的收買店多設於荷李活道、伊利近街、結志街，及灣仔的太原街一帶。爛鐵（包括各類鐵盒、鐵罐）中立即可供使用或翻製的，稱為"上鐵"，經營此業的有一間位於伊利近街 1 號的"公昌"。爛鐵中不能使用但可作原料的稱為"中鐵"，需再提煉的稱為"下鐵"。

　　有部分小型製造商及廠商，用舊鐵盒、鐵罐貼上新招紙，盛載產品如麵條、麵餅及食物原料等出售。或利用此等盒罐鐵皮，製造各類玩具。此現象在 1950 年代是很普遍的。

▲　經營五金出入口的太平洋貿易公司，
　　以及大華鐵工廠的廣告，1947 年。

1　灣仔太原街，由交加街望向莊士敦道，約 1952 年。街上有多間五金銅鐵店，到了 1990 年代才被玩具及服裝店取代。

2　1988 年的調景嶺。正中的捷和鐵工廠稍後改建為維景灣畔住宅屋苑。（圖片由何其銳先生提供）

3　位於灣仔李節街 1 號的陳發記鐵器工程店，1986 年。李節街稍後被徹底重整，現時該街道上有圖中樓宇的模型用作裝飾。（圖片由陳創楚先生提供）

第十四章

首飾工場

首飾製造工場分有黃金首飾，與珠寶鑲作兩大類，若再細分則有很多種，單是黃金的龍鳳鈪已為一專業。

珠寶鑲作的高超技師早期多來自上海、北京等地，多在連卡佛及各大歐西珠寶行工作，不少於後來自設工場，授徒幫手製作。

早期迄至 1970 年代，大珠寶金行的工場會佔一至兩層唐樓甚至連天台等，普通工場則佔一層或半層唐樓，甚至只佔一房間者。地點多位於中環、上環、灣仔及九龍油麻地的珠寶金行雲集區。

上環皇后大道中近樓
梯街的一段，約 1920
年。這一帶的舖位及樓
層內有多間包括寶珍、
榮華、天興和、寶華等
的金銀首飾舖和工場。

學徒（或稱為"學師仔"）需學藝三至五年。"滿師"（即學成"畢業"）後須以微薄的報酬為師傅工作，迄至自己另起爐灶開工場，自製首飾往珠寶金行銷售。1950 至 1960 年代，不少工場將珠寶首飾運往南洋及美、加一帶售賣。1970 年代初，新加坡在香港招攬大量首飾製作人才落戶當地，銷往南洋的港產首飾，數量隨即縮減。

　　1960 年代珠寶金業蓬勃，高超工藝人才輩出，大工場有亞洲、五洲、遠東及環球等。但影響最大的是一位謝姓技師，他在當時的新開發區紅磡之工廠大廈內，自設一大規模現代化管理之工場，用重金招攬各傳統工場之高手前往效勞。一時間，各從業員的薪金給"抬高"至一"合理"的水平。該區亦漸成為首飾製作的集中地。該工場後來在港九各處開設多家珠寶行，迄至現今。

　　1979 年起中國改革開放，不少大型珠寶金行將工場移往人工及地價皆便宜的內地，本地工場開始走下坡。1990 年代中趨於式微，不少技師已轉行或提早退休。

由上環"二奶巷"（安和里）西望皇后大道中，約 1958 ▶ 年。這一帶的樓層有多間首飾鑲作工場。圖中可見一間燃放鞭炮，祝賀喬遷誌慶的珠寶行。（圖片由許日彤先生提供）

下篇 | 前言

　　1850 年代起，已有多間百貨公司及店舖出售華洋貨品及珠寶首飾等。踏入二十世紀，包括先施、永安等多間華資百貨公司開業，連同五、六十年代的國貨及日資百貨公司，百貨業務達至高峰。

　　供應市民"砂煲罌罉"、瓷器及木盆桶等用品的山貨店，當時亦遍設於各大街小巷。隨着這等土產製品漸被新式用品所取代，山貨業務也漸趨式微。

　　早期，中上環及九龍油麻地區，有無數的香燭、佛具及紙紥店，還有儀仗店，為神誕醮會、慶典以至"紅白二事"的祭祀及巡遊提供服務。不少技師的手藝，令人嘆為觀止。與該行相關的，還有炮竹、花牌及樂隊等。

　　華人喜用中醫中藥治病，多往駐有中醫師的中藥店求診，更受市民歡迎的為東華醫院及其屬下的機構。輕微症候者，則求助於又名"免病茶"的涼茶，若干間歷史悠久的老店，現時仍在經營。

　　除涼茶外，市民亦喜用成藥。百多年來，多家中西藥房及藥廠，生產各類膏丹丸散，多個品牌深入民心。

　　至於西醫方面，1848 年成立的國家醫院為最初的政府醫院。同時，多間由慈善機構及教會營辦的醫院成立，包括知名的雅麗氏醫院。東華醫院於 1895 年改變為中西醫結合的醫院。

　　當時有包括李樹芬及康德尼等中西名醫，皆有崇高的社會地位。若干位華人名醫於 1922 年創辦養和醫院。

　　1870 年代，已有中西牙醫應診，同時亦有合資格、稱為"執媽"的華籍助產士。1895 年起有華籍女護士。

1841 年開始，有多家西藥房、藥行開設，銷售及製造中、西藥、汽水及化妝品。當時，不少婦女往藥房購買化妝品，稍後多間藥房及百貨公司，以至美髮院等皆有化妝服務提供。

為男女顧客理髮美容的場所，由早期的剃頭店一直演變至二、三十年代現代化的理髮室及美容院。和平後發展更蓬勃，不少更以來自上海的名師作標榜。

由 1840 年代起，多家名為“影樓”的照相館在中環及灣仔區開設，很多華洋人士舉家或個人往影樓，在華美的佈景前留下倩影。1950 年代起，因應各種證件的需要，除了影樓以外，亦有不少街頭攤檔，提供“快相”服務，尤以域多利皇后街消防局旁為多。

分別於 1888 年及 1904 年通車的“高地電車”（纜車）及“低地電車”（電車），減低了港人對人力車轎及馬車的依靠。在巴士普遍發展的 1970 年代前，電車一度為港島的主要交通工具，而纜車亦為吸引遊客的“景點”，歷久不衰。

九龍與港島的巴士，依次於 1909 年及 1910 年通車。1921 年起，包括九龍汽車、香港大酒店、中華汽車及電車公司等多家機構，承辦港九及新界的巴士服務。到了 1933 年，才改為中華汽車經營港島，九龍汽車經營九龍及新界。港島巴士的經營權到了 1993 年起才有徹底的改變。

開埠初期起，有各種渡輪穿梭於港九新界及各離島之間。到了 1898 年，由天星小輪公司專營中環至尖沙咀的航線。

其他區域的航線，於 1910 年代末開始由九龍四約及東安等公司經辦，1924 年起逐漸被油蔴地小輪船公司接辦，並於 1933 年開辦汽車渡輪。

可是，自海底隧道及地下鐵路等通車後，小輪生意大受影響，多條港內線亦停辦。

汽車最早於 1908 年在香港出現，隨即有出租汽車，以及 1922 年起之的士服務。全盛時期的 1950 至 1960 年代，多家大機構經營的士及出租汽車。此外，亦有名為"新界的士"之九座位小巴。1969 年，"新界的士"變為 14 座位的公共小型巴士，出租汽車亦於 1976 年轉變為的士。

轎子、人力車及馬車，於淪陷時期一度復興，再成為主要的交通工具。1959 年後，轎子全被淘汰，而人力車則於 2006 年隨着天星碼頭拆卸而消失。

"衝上雲霄"的航空事業，始於 1911 年 3 月在沙田舉行的飛機演放（試飛）。1931 年，啟德機場落成，數年後成為中外航機的重要航空站。

戰後的 1946、1947 年，"國泰"及"香港"兩家本地航空公司先後成立。俟後，隨着九龍灣新跑道及客運大廈的落成，航空事業發展一日千里。為了應付更大的需求，機場於 1998 年遷往大嶼山赤鱲角。

1870 年代，除了政府的中央書院和官立學校外，還有宗教團體及慈善機構開辦的中小學，此外則為私人開辦大量的學校和學塾，不少教師為知名的學者。這等私立學校多設於民居的唐樓，1950 年代起，唐樓逐漸拆卸，這些私校隨即停辦。

1911 年成立的香港大學，其畢業生成為了天之驕子。隨着多家新大學於 1963 年起陸續出現，大學教育才普及。

教育的書籍是由多家中外書坊、書局供應，由 1910 年代起，華文書籍是以商務、中華、上海及世界等印書館出版者為主流。

不少書坊舖兼售文房四寶,亦舉辦雅集及書畫展,充滿文化氣息。

香港的電報服務始於 1871 年,主要營辦者為大東電報局。電話則於 1881 年開通,營辦商為"中國及日本電器德律風公司"。1925 年由香港電話有限公司接辦。便捷的電話及電報,為香港金融中心構成的主要因素。

1988 年,香港大東電報局合併電話公司,組成"香港電訊",二十世紀初轉變為"電訊盈科"。

香港廣播電台於 1929 年啟播,隨後,新增麗的、商台及新城等電台,廣播業變得多姿多采。

麗的呼聲的有線電視於 1957 年啟播。不過要到無綫電視啟播後,電視才普及,隨後的新電視台有佳藝及有線,麗的亦轉為無綫,稍後易名為亞洲電視,可惜佳藝電視及亞洲電視,分別於 1978 年及 2016 年停播。

香港政府憲報於 1841 年出版,有幾份英文報章陸續創刊,最早的華文報章是 1858 年的《中外新報》,稍後為《華字日報》及《循環日報》。

百多年來,中英文報紙的數量多不勝數,單是和平後的 1947 年內,已有 20 份日晚報創刊。1970 年時,共有早、日、午、晚及夜報共數十份。

不過,踏入 1980 年代,報紙的業務由盛轉衰,包括《工商》,《華僑》等的多份報紙,紛紛停刊。

第
十
五
章

洋貨與百貨

　　1860 年代，香港已有一間位於皇后大道中 66 號的 "華隆"，經營百貨及銀器。而一間名為 "霍近拿"（Falconer）的珠寶首飾店，則於 1866 年在畢打街開業。稍後則有 "告老紗" 珠寶店（Kruse & Co.）及播威鏢（錶）店（Gaupp & Co.）。

　　1870 年至 1880 年代初，有多間位於皇后大道中的店舖，包括巨興、和盛、同興、怡昌正記、禎祥及聯盛等，出售洋貨燈飾、香鹼（梘、皂）、花旗大磅、白豆、呂宋煙、西茶葉、手巾、洋毡、絹遮、絲髮、布疋、拖鞋，以至夾萬等貨品。

　　根據 1880 年統計，香港當時有洋貨店 191 間。

1900年前後，有多間位於皇后大道中、文咸街的店舖，包括利地架洋行、利威洋行、永豐隆、威棧、李占記、烏利文公司、謙信莊及謀得利琴行等，出售各類洋貨如金鏢（錶）、金銀間鏢（鬧錶）、衿頭錶（陀錶）、時辰表、風雨針、寒暑表、洋羅經（指南針）、千里鏡（望遠鏡）、眼鏡、留聲機、洋琴、樂器及唱碟（唱片）等貨品。

　　至於大規模的百貨公司，歷史最悠久的首推成立於1850年代、位於德輔道中24號（現創興銀行所在）、早期經營船上用品的連卡喇佛（連卡佛，Lane Crawford）公司。該公司曾遷往皇后大道中的香港大酒店、畢打街於仁行、德輔道中14號交易行等多處營業。連卡喇佛又兼營拍賣，亦為灣仔麵包公司（Hong Kong and China Bakery Co. Ltd.）的總代理。

▲ 由文咸東街東望皇后大道中，攝於1897年慶祝維多利亞女皇登位六十週年鑽禧期間。牌樓前可見多間鞋襪、蘇杭雜貨、鐘錶、水晶眼鏡的店舖。左方樓宇的舖位及三樓均為影相館。最右的兩座樓宇為五號警署及水車館（176號）。其東鄰172號的樓宇，於1900年創設為施生公司。此一系列三座唐樓在執筆時仍存在。

▼ 興盛番鞋店的廣告，1883年。其所在的威靈頓街早期又名"羅馬廟（天主教總堂）直街"。羅馬廟被錯譯為"法蘭西（法國）廟"。

HING SHENG,
BOOT AND SHOE MAKER.
No. 38, WELLINGTON STREET
12 DOORS FROM ROMAN CHAPEL,
HONGKONG.
典隆番鞋店在第三十八號舖佛蘭西廟右便街

另一間外商百貨公司，為位於皇后大道中 34 號（現娛樂行所在）、開業於 1890 年代的威林寶路公司，該公司經營歐美百貨、玩具及傢俬等，其股票曾在交易所掛牌買賣。1910年，威林寶路公司遷往西鄰的 40 號，原址開設一間義生發百貨公司。1893 年，經營百貨的還有 H. 律敦治洋行。

1900 年正月初六，由馬應彪及歐彬創辦、標榜“不二價”的先施百貨公司，於皇后大道中 172 號及背接的威靈頓街 123 號開業。該公司有一棧房（貨倉）在永安街（花布街），一度用作臨時行址。

隨後於 1907 年開業的百貨公司，皆位於皇后大道中，計有位於 82 號的新發公司、128 號的始平公司，以及 167 號的粵華公司。同年，粵華公司的舖位轉為以郭泉及郭樂為司理人的永安公司。

1908 年開業的百貨公司，有多間亦位於皇后大道中，包括在滙豐銀行對面柏拱行的威林華加公司、136 至 138 號及 164 號的真光公司、142 至 144 號的中國公司。差不多同時，亦有一間位於德輔道中 26 號昭隆街口的昭隆泰公司。真光公司於 1912 年遷往德輔道中 237 至 241 號，以及干諾道中 20 號營業。1927 年，真光易名為“新真光”，不久便結業。

同時，一間經營日本古玩及藝術品的大佛洋行，在灣仔皇后大道東與當時之軍器廠街交界開業，附近亦有多間日資商店。

約 1910 年，永安公司遷往德輔道中 213 至 225 號地段，該處於 1906 年亦有一間先施公司的分店，該分店一直經營至 1916 年，直到位於德輔道中與永和街之間的新總行落成為止。

1912 年，位於真光公司皇后大道中原址的新國民公司開業。同年開業的還有位於德輔道中 181 至 191 號（現李寶椿大廈所在）、由蔡昌為司理人的大新公司。先施公司及大新公司於 1912 年起，在廣州及上海開立分行。

同年，包括精益公司在內的多間眼鏡店開張。

約 1916 年，惠羅公司（Whiteaway, Laidlaw & Co.）在德輔道中 20 號戲院里口開業。

1919 年，永安公司始創禮券發售，真光及先施立即跟隨。

1920 年，位於德輔道中與機利文街交界（現中保集團大廈所在）的另一大規模百貨公司"麗華"開幕。

1924 年，大新公司遷往德輔道中 181 號與永和街交界的新廈，原址改作瑞興公司，東主為古瑞庭。

1930 年 4 月 10 日，先施公司首次舉辦時裝表演，一年後的 4 月 9 日，又舉辦國貨展覽。

1 皇后大道中 172 號，以及相連背面威靈頓街 123 號的先施公司，1900 年在報章刊登的廣告。

2 由昭隆街東望皇后大道中，約 1910 年。右方為寶路公司，其東鄰為屈臣氏藥房及汽水房（廠）。豎起多面旗幟的是舊香港會所，現時為娛樂行。

3 1930 年代，永安公司金銀器部製作的紋銀"食物格籃"，一套連蓋共四件。此手工精湛可併合為一體的食具，能盛載飯、餸和湯，攜往學校或辦公處享用。1950 至 1960 年代，大量"藍領"及"白領"上班族，亦喜用搪瓷或鋁製格籃盛載飯餸。（紋銀食物格籃由華資銀行望族馬女士慷慨惠贈）

1931 年，中華百貨公司在皇后大道中 62A 至 68 號開張，與先施、永安及大新合稱為"四大公司"。四大公司的禮券可互相通用，酒樓酒家亦視作現金，可支付筵席費用。當時的大百貨公司亦兼營金銀首飾及器皿業務。

　　1920 年代起，有多間中小型百貨公司，包括出售"一毛不拔"牙刷的梁新記等，在中環、上環開業。同時亦有華美、樂天及代月等知名電器公司。

　　1930 年代，亦有位於德輔道中 24 號的中國國貨公司，以及駱克道 357 號的中華國貨公司。當時的百貨行商會是"入口洋貨行普益商會"，於 1922 年成立，早期位於德輔道中 127 號樓上。

　　1941 年，百貨公司推出港製的"無形"（隱形）眼鏡，每副 600 元，為當時普羅市民兩年多的薪金。

　　著名的林源豐及金輪錶行，分別於 1930 年代末及淪陷期間的 1943 年開業。其他錶行還有成安記、洗發記、國泰及九龍等。同時，連卡佛公司代銷勞力士錶，每隻售 120 元。

　　日治時代，連卡佛百貨被改名為"松坂屋"、惠羅則被改名為"玉屋"。約 1968 年，有一間玉屋百貨於德輔道中（現中保集團大廈所在）開業。

　　和平後營業的百貨公司，有位於皇后大道中的建成、萬成、美華、金碧、伊利、龍子行、龍光行、陳永漢、義興；德輔道中的占飛、壽星堂、協昌、利源及威儀；九龍彌敦道的昌興、安康寧、美琪、北平華北實業、四五陸；上海街的李家園；九龍城太子道的陳更煥等。

1　位於德輔道中與林士街交界的第二代永安公司，1951 年。迄至 1916 年，先施公司在永和街的新廈落成之前，此列樓宇為永安及先施共用者。右方為 1921 年落成的新世界戲院。

2　由永安公司東望德輔道中，約 1950 年。左方可見新世界戲院、瑞興和先施公司，右方可見林源豐（現時的東方錶行）及瑞威錶行。中右方有一間兼售唱片、唱機的天壽堂藥行。

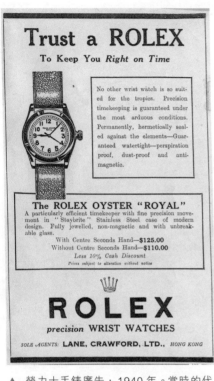

▲ 勞力士手錶廣告，1940 年。當時的代理為連卡佛公司。

當時百貨公司內的熱門貨品為玻璃絲襪，以及被冠以"原子"名稱的新發明塑膠製品，如"原子腰帶"等。

四十年代末，一具萊卡（Leica）攝影機售 1,725 元，一隻百達菲麗手錶售價由 1,000 至 12,500 元不等，當時的一萬元可購買半幢普通唐樓。

1955 年，瑞興公司遷往德輔道中與機利文街交界，原址改建為李寶椿大樓，於 1958 年落成。該大廈樓下有一山打皮鞋公司、槍牌恤門市及矛盾電器行。

1957 年，惠羅百貨公司遷往馮氏大廈及萬宜大廈，百貨公司原址改建為德成大廈。

此外，當時亦有多間出售皮鞋的店舖，知名的有寶芳鞋王、鶴鳴鞋帽商店、信義行，以及以"喜有此履"作宣傳口號的財昌鞋廠等。

港島的鞋店多集中於威靈頓街、德輔道中、軒尼詩道，以及九龍的彌敦道及上海街等。1957 年起，有多間"中國皮鞋公司"在港九各區開設，出售價廉物美的國產皮鞋。

1930 年代，已有一間位於德輔道中
24 號的中國國貨公司。1950 年代後期
起，包括裕華、中僑、大華、華豐、中
邦、新中華、中孚、五羊、中建等各間
國貨公司在港九新界開設，當時價廉、
物美、耐用的國貨很受普羅市民歡迎。

1960 年 11 月，日資大丸百貨公司
在銅鑼灣記利佐治街開業，相對傳統包
括"四大"百貨公司，大丸的殷勤和開
放的服務態度，令人耳目一新。

稍後，亦有多家華資的新派百貨公
司，如大人、大元、大方及大大等在港
九開設。其後也有一間台灣民生物產公
司。

1960 年代後期起，日資百貨公司
紛紛在港開設，當中包括玉屋、元光、
松坂屋、三越、東急、吉之島、八佰伴
及崇光等。1990 年起，除崇光外大部
分日資百貨公司陸續結業。

老牌的大新及中華百貨公司，均於
1970 年代結業。稍後於 1980 年代結業
的百貨公司，有另一老牌的瑞興。

▲ 女皇加冕期晚間的德輔道中，
　1953 年 6 月。左方為畢打街口的
　怡和洋行，其西鄰是惠羅公司（現
　德成大廈所在）及中國國貨公司
　（現創興銀行所在）。右方為畢打
　街郵政總局。

1 旺角彌敦道與山東街交界，約 1966 年。正中可見一新派的大方百貨公司，以及出售萬寧恤的山打皮鞋公司。

2 兩間位於皇后大道西 253 至 255 號近正街的傳統百貨公司，1985 年。（圖片由陳創楚先生提供）

3 位於尖沙咀彌敦道與堪富利士道交界文遜大廈內，原為漢宮酒樓的連卡佛公司，1995 年。

1 銅鑼灣記利佐治街與百德新街
   交界,位於恒隆中心正進行結
   業清貨的日資松坂屋百貨公
   司,1998 年。

2 銅鑼灣軒尼詩道與利園山道交
   界,於 1979 年開業的日資三
   越百貨公司,攝於 2006 年。
   三越於同年結業。

3 位於記利佐治街,於 1960 年
   開設的日資大丸百貨公司,
   1998 年。大丸於同年結業。

第十六章

山貨店

1870 年代，有不少經營竹、木、草類、蔴繩、缸瓦及瓷器的山貨店，於德輔道西、永樂街、文咸街，以至嘉咸街一帶開業。

根據 1881 年的政府統計，有造竹器者 121 名及藤器工人 448 名。早期除藤器傢具外，產品主要為藤蓆。在二十世紀初，有一著名的恆祥盛藤器店於皇后大道中 73 號開設，該店一直經營至 1960 年代。

當時亦有一間位於文咸東街 30 號的昌隆蓆莊，經營草蓆及藤蓆，以至絲、米、糖、鹽等。另一間大型藤器店為 1920 年代位於軒尼詩道與克街交界的復隆，所在現為廣生行大廈。

1881年，香港亦有大量的蒲包行、蔴包行水草店，木盆桶店及磁器舖，這些都歸於"山貨行"內。

當時有一間裕和號蒲蓆打包（蒲包）店，東主為社會名流招雨田，早期有若干位東華醫院總理皆經營此業。蒲包及蔴包是用以包裝貨物以便搬運。蒲包蔴包草蓆店多設於西營盤的梅芳街、桂香街、紫薇街、西湖里、德輔道西及油麻地新填地街一帶。

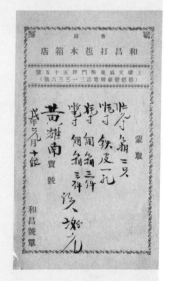

▲ 一間售賣瓷器、玻璃用品以及瓦罉風爐的山貨店，1960年代。摺椅前可見當時流行、被稱為"撲滿"的瓦製錢罌（儲蓄箱）。

◀ 一間位於文咸東街55號的和昌打苴（包）木箱店的發單，1950年代。其電話是"搭用"德發銀號者。當時電話極為短缺，"搭用"十分普遍，方式是在分隔兩舖之間的牆壁開一小洞，共同使用。

十九世紀後期起，大部分山貨店亦經營缸瓦器皿、爐具以至瓷器。一間著名瓷器店"晉隆生"，便位於上環街市旁山貨店雲集之文咸街120號。此外，山貨店也經營木盤桶，亦有不少售賣及維修木盤桶的專門店，遍佈於伊利近街、急庇利街、灣仔道及九龍的上海街、南昌街等。

部分山貨店經營象牙、呂宋煙嘴、骰子、牙刷及煙槍頭尾，以及由貧童製造的新會葵骨牙籤、綁紮物品的鹹水草，以至搭棚及紮作用的竹篾等。

牙籤及水草為一專門行業。二戰後，不少牙籤廠或作坊設於上環高陞街、紅磡機利士路及深水埗福榮街。鹹水草店則集中於西區的西源里、東街、修打蘭街及上環永樂街一帶。

早期山貨店或士多亦有經營木屐，四、五十年代亦有不少木屐莊或店，多位於水坑口街、嘉咸街；油麻地的新填地街及深水埗的汝州街等。到了五十年代後期，被包括稱為"人字拖"等的膠拖鞋逐漸取代。

部分山貨店亦有供應點心蒸籠，而大小蒸籠早期亦為主要的竹器行業。惟自1980年代起，大部分生產蒸籠的工序移往內地，此行業在香港亦漸走下坡。

▶ "箍煲"即用鐵線將破裂的瓦煲"箍"緊，以延續其"生命"；或將新煲預先箍紮，使其耐用。箍煲師傅亦會用"窩釘"將穿孔破鑊修整，稱為"補鑊"，攝於1960年代。

位於文咸東街 122
號南便上環街市
旁的晉隆生瓷器
莊，1978 年。該
店稍後遷往現域
多利皇后街三聯
書店右上鄰。

第十七章

儀仗與香燭店

　　早期的尖沙咀又名"香埗頭"（"埗頭"或"步頭"，即碼頭）。當時東莞製造的拜神線香，多經此埗頭轉運往中外各地銷售。

　　出售祭祀用品包括香燭鞭炮等的香莊及紙紮店，早期分佈於中環、上環的皇后大道中、皇后大道西、荷李活道以及西營盤一帶的橫街。

　　根據 1881 年的統計，港九共有紙紮店 47 間、造燈籠者 63 人、雕塑神像者 15 人、經營檀香及削檀香木者 76 人。約開業於 1880 年、位於皇后大道西 152 號的梁永盛香莊，一直在原址經營至 2015 年。檀香主要來自澳洲，1934 年專門經營檀香的店舖有四間。

早期的紙紮店會製作迎神醮會及節慶巡遊的紙偶、綵燈及拜祭供品。

1885年農曆七月廿四至廿六三天，東華醫院會舉辦盂蘭節，文武廟二帝鑾儀出巡，藉兩位正直之神以消災疫。有金龍、頂馬、飄色、醒獅、熊及鳳凰等隨駕遊行，儀仗輝煌，笙歌載道，極一時之盛。此乃上環盂蘭醮會之始。

1900年起，多間香燭紙紮店（不少也兼營檀香者）、紙店、花燈店在港九開設，製作或出售綵燈、像生紙紮品、神誕花炮、炮竹、煙花及紅白二事的婚祭裝飾。上述節慶及紅白二事之應用物品，除本地製作者外，亦有不少來自廣州及佛山。

▲ 開業於1880年代，一直在西營盤"雀仔橋"旁皇后大道西152至154號經營的梁永盛香莊，攝於2003年。此樓宇於2005年才被拆卸。

◀ 經過德輔道中先施公司前之慶
賀中秋巡行，約 1925 年。右方
為永和街。儀仗行列的彩幡、
飄色及像生物品等，由新榮隆
儀仗店提供。

1 由太平山街下望西街，約 1935 年。
   右方為華國興花轎儀仗店。

2 德輔道西一隊殯喪行列，有兩名警員
   在前開路，約 1932 年。當時英、印
   及華警均可供市民僱用，尤其在"紅
   白二事"行列中，名為"特務警察"。

3 約 1930 年於香港印製、在"地府"流
   通的 10 元面值"冥通銀行"紙幣。相
   對目前每張面值動輒以億元計者，可
   見地府的"通脹"遠較陽間為猛烈。紙
   幣中央印有一列火車，可見當時香港
   已有"地下鐵路"的概念。尤其引人注
   目者，是身處殖民地之"冥通銀行"行
   長，亦用英文簽署鈔票。

二十世紀初，著名紙紮店有位於閣麟街 14 號
的金玉樓，以及位於士丹頓街 35 號的黃秋記，和
位於摩羅下街 42 號的永昌花燈店。著名的炮竹煙
花廠則有位於土瓜灣北帝街的廣萬隆，其司理人為
社會名流葉蘭泉及陳蘭芳。廣萬隆的七彩煙花不時
在愉園、怡園、太白樓及名園等遊樂場燃放，供遊
人觀賞。

1870 年代，已有若干間經營棺木及殯儀的長
生店，在鄰近東華醫院及國家醫院的皇后大道西、
荷李活道及東街一帶開設。此外，亦有壽衣店及
"包挖五色土瓜"（看風水地理）之專人。最著名的
一間壽衣店為現在仍於四方街營業的梁津煥記。

二十世紀初，有廣福、新兆福
及景福等花轎儀仗店，代辦理婚祭禮
儀。1920 年代起，還有彩鸞福、鴻
福、新榮隆、華興、新順福及丁財貴
等。該行的工人主要吹打鼓樂，及紅
事的"抬花轎"和白事的"抬亨"（亨
內置死者名牌），替婚喪人家"充撐
場面"。上述儀仗店多於擺花街、嘉
咸街、結志街、卑利街、東街及西街
一帶開設。其中位於擺花街 44 號、
於 1925 年開業的鴻福，一直經營至
1960 年代初。

九龍區的儀仗店則有新填地街的彩鴻福、大南街的水記及廟街的新丁財等；油麻地亦開設多間長生店。1940年，一間長生店失火被焚，數十棺木被焚毀，變成巨炭。

儀仗行業的工會為"同益堂"，全盛時期有工人會員約 5,000 人。戰前時期，抬一頂迎親花轎可僱用 18 人，費用由十多至百多元。

▲ 出殯行列經過德輔道西"鹹魚欄",約 1930 年。右下方可見兩條連接至後方由近 20 人抬着之棺材、被稱為
"紼"之白繩帶。至好親朋拉拽此繩帶前行名為"執紼"。死者遺屬則位於"紼"的範圍以至幃幕內。

此外，醮會、神誕及慶典盛事的會景巡遊亦由該行業的從業員辦理。其中最盛大的會景巡遊要數1935年英皇喬治五世（King Geroge V）登位銀禧，以及1937年喬治六世（King George VI）加冕。當時龍、獅及花燈飾品，有本地製作的，也有不少來自省城及佛山。

在戰前，香港已有若干間殯儀館（包括香港殯儀館）於灣仔摩理臣山道開設。1938年3月，蔡元培在港病逝，在摩理臣山道的福祿壽殯儀館治喪和舉殯。在戰後，亦有摩禮信、李璇以及位於灣仔分域街的萬國等殯儀館。

1949年，政府根據《婚喪巡行則例》，規定辦理嫁娶者需於事前兩日、出殯者需於事前六小時，通知最接近巡行起點之警署署長。

和平後，每遇店舖新張、擴張、酒樓婚喜宴、醮會，以至東華三院總理就職，均會懸掛花牌。早期的花牌店有位於水坑口街的泗合及明新。

後來，由於市民消費力下降，又被投訴阻塞交通，紅白二事的巡行已較戰前為少。而"接新娘"的花轎，亦漸由被稱為"摩登花轎"的汽車取代。加上舊樓陸續拆卸，交通繁盛，缺乏放置轎子的地方，儀仗業亦日趨式微。位於擺花街的鴻福，以及一間位於東街的儀仗店均於1960年左右結業。

戰後有多間尼庵和寺廟設於士丹頓街及伊利近街的店舖及樓宇，包括位於士丹頓街 6 號的從慶庵、11 號的萬善別院、12 號的福慶庵、13 號的永善庵、14 號的延祥寺及 18 號的竹蓮庵等，士丹頓街亦因此被稱為"師姑街"。另外，亦有一間位於西街的卉恆興中西樂社。

至 1967 年中起，紅白二事巡行及在馬路旁蓋搭殯儀喪棚等舉措被當局完全禁止。

1950 年的煙花炮竹廠有廣萬隆、寶昇、黃藝林、協萬隆及關裕聲等。

1956 年，連同金玉樓及黃秋記等花燈製作，以及紙紮商號共有百多家，但從事紮作的只有二、三十人。

該行業的工會為"港九油燭藝術紮作職工總會"（位於結志街 14 號三樓）和"港九線香共和工會"。

當時，專門紮作花燈的店舖有港島的永昌、生利隆、利亨華、潤生，以及九龍的區六記和鴻盛等。最暢銷的產品是中秋節花燈、元宵綵燈以及新年和多個農曆節日的參神用品。不少紙紮店亦精製茶樓餅店的中秋月餅裝潢，以至工展會的牌樓、攤位裝飾等。

一間位於普仁街 6 號東華醫院旁的紮作店鄭權記，2015 年前仍在附近的新街營業。

1 農曆正月廿六是"觀音開庫"，善信會前往"借庫"。圖為上環太平山街觀音廟，市民前往參拜、借庫及許願情景，約 1980 年。

2 位於士丹頓街 35 號、約於 1920 年開業的紙料紮作店黃秋記（後改名秋記），攝於 1999 年。該店三、四十年代曾經歷三次大火。秋記所在的地區，自八十年代起變身為"全盤西化"的蘇豪區，但此老店仍"我自歸然不動"，一直經營至近年才結業。

第十八章
中醫藥

香港於 1848 年設立西醫院，名為 "國家（政府）醫院"，但一直到 1864 年，華人才准予入內診治。當時大多數華人均使用中醫藥治病。

1869 年，政府憲報登載，每一艘接載華人勞工往外埠的 "豬仔"（勞工）船，須帶備適量的中藥材約 100 種，包括甘草、陳皮、茯苓、黨參、當歸、犀角及蒼朮等，連同午時茶及薄荷油，並有一位中醫師隨船，於旅途上為各勞工治病。

1872 年開始服務的東華醫院，為一間中醫院，直到 1895 年才改為中西醫結合。

1850 年代，南北行區的文咸街及永樂坊（街）一帶已有不少藥材行，及有中醫駐診的中藥店，附近包括荷李活道亦有不少中醫和跌打醫師執業。

328　THE HONGKONG GOVERNMENT GAZETTE, 24TH JULY, 1869.

（藥材表，計量單位為斤、兩）

甘草一斤　陳皮一斤　神曲三斤　知母三斤　荊芥穗三斤　枝殼一斤二兩　桑白皮五斤　荷葉一斤　蒼朮二斤　桂枝半斤　尖檳半斤　霍香半斤　青蒿三斤　因陳二斤　朱苓三斤　竹葉三斤　紫蘇三斤　銀花四斤　土骨皮四斤　香儒一斤

連召五斤　把葉二斤　木通三斤　茅根十斤　山渣四斤　土茯半斤　製半夏十二斤　午時茶四十盒　乾薑一斤　赤芍一斤　茯苓半斤　北茋三斤　冬桑一斤　厚朴一斤　灶心泥十斤　正西角二兩　北茋半斤　木香四兩　菊花半斤　沙參半斤

防風二斤　薑蚕四兩　明花四兩　升麻四兩　蒼朮半斤　靈仙二斤　砂仁二斤　麥冬三斤　小生地十二兩　山甲半斤　黃柏三斤　歸身三斤　防已半斤　扁豆半斤　苦瓜干五兩　細辛半斤　次活半斤　角刺一斤　獨活一斤　秦艽一斤　麥芽二斤　白朮二斤　黨參三斤　白芷二斤

平安散五十罇　粟壳四兩　榴皮二斤　薑活二斤　白芍三斤　淮花三斤　地于一斤　硼砂二兩　紅花一兩　青皮三兩　歸尾一斤　澤且三兩　牛子半斤　常且半斤　山甲半斤　熟川芎二兩　花粉四兩　草果四兩　元參四兩　木瓜四斤　吉硬二斤　只壳半斤　白茋半斤

船行一百日　此是一百人　薄荷油廿二罇　金鈴子二兩　當歸二兩　靈羊二兩　石膏四兩　只貝一斤　川連三兩　車前二兩　屈金半兩　香胡四兩　胆草一兩　大黃三兩　牛七二兩　黃苓五斤

34.—The Emigration Officer shall deliver to each competent Doctor a certificate of approval, which on proof of identity shall be available for any other Voyage.

Approved,

RICHARD GRAVES MACDONNELL,
Governor in Council.

L. D'ALMADA E CASTRO,
Clerk of Councils.
Hongkong, 14th July, 1869.

1

灣仔
華陀·醫院
告白

本港灣仔華陀醫院贈醫之舉歷有七載今因醫所狹淺安集同人後在院內右邊新建醫所一間不日告竣茲公議明年另請醫師往此年月送回酬金銀廿員准正月初旬當本院神前杯卜以勝杯多者為寶故特字預聞懇仰列公高明如有醫師品學兼優者倘不嫌酬勞微薄請移至到上環怡興行或義維居或與隆木舖報知及聲明醫師姓名行住址俾得標帖杯卜以照公正也　同治十二年
十二月十九日
華陀醫院值理謹啟

2

1880 年，東華醫院教習醫學，收取門徒十人。該院亦於太平山街開設一間診所，免費種痘以防治天花。

根據 1881 年的統計，香港有華人醫師（Chinese Doctors）共 333 人，港督軒尼詩（Sir John Pope Hennessy）認為他們的醫術可堪信賴，又稱讚包括東華醫院醫師在內的華人醫師，其接種之痘可使天花不致在港傳播，確屬佳妙。

1880 年代的著名中醫師，有位於荷李活道大笪地、診治跌打的黃鵬飛；位於皇后大道中 278 號、診治內外全科及性病的洪桂昌（其醫館一直經營至 1960 年代）；位於發興街診治痔科的周錦堂。另外亦有一位中醫師黃保安，標榜包醫治麻瘋、血癬及花柳者。

1　政府憲報刊登，港督麥當奴的告諭，規定每艘赴美洲及澳洲等地的勞工船（豬仔船），需駐有一名及格中醫。若航程為 100 天，以每 100 人計，需帶備表列份量的中藥材以供診治。

2　1874 年，灣仔華陀醫院在《循環日報》刊登聘請醫師的廣告，說明應徵者需在神前"擲杯卜卦"，"勝杯"多者方被取錄。

當時的中藥材舖，有皇后大道中的仁濟堂、和安堂、誠濟堂及正和堂；水坑口街的養頤堂；乍畏街的佐壽堂；文咸街的利貞祥及致和堂；閣麟街的杏榮春等。

香港早期亦有不少出售膏丹丸散的中藥行，如士丹利街的黃耀南；皇后大道中的天壽堂、太和堂及黃祥華；荷李活道的天生堂等。它們出售的藥品包括眼藥、戒煙丸、烏雞寧神丸、麻瘋解毒丸及風濕藥水等。

不過，製售膏丹丸散最多者是西藥房屈臣氏，品種由疳積花塔餅、白鳳丸、添丁丸、安胎藥、脫鬚髮藥散、風濕膏藥、痔瘡藥散、癬藥、醫花柳藍藥膏、治麻瘋藥、眼藥水、耳聾藥水、羊吊（癲癇）藥水及"痰迷心竅"藥水等。上述藥品皆以"龍麟伴塔"為商標。

▲ 由威靈頓街西望皇后大道中，約 1918 年。左方為位於 180 號、於十九世紀後期開業的誠濟堂。1930 年，著名的二天堂在其右鄰開業。其他藥行、藥局如庶和堂、楊耀宗和賴耀廷等，在右邊的舖位開設，多位中醫亦在此應診。

1897 年，有一間於荷李活道開設的"王老吉遠恒濟"，售賣涼茶。同時，有一設於九龍的普濟堂，銷售及施贈涼茶。1906 年，一種名為"盒仔茶"的源吉林甘和茶，在蘇杭街源廣和銀硃店出售。

百多年來，涼茶甚受市民歡迎，涼茶店在大街小巷遍設，王老吉、春回堂等均為百年老店。和平前後還有一樂軒、永春堂、平安堂、回春堂、春和堂（單眼佬）、曾安堂、保安堂、唐崇山氏、啟安堂、孖鯉魚、恭和堂、黃碧山、大有益，以及以竹蔗水馳名的陳賓記及公利等。

二十世紀初的著名中醫師，有位於文咸街的清御醫授徒梁吉仁、威靈頓街的呂哲公、擺花街的潘海山、德輔道中的勞子開及勞英群父子、詹保黎，以及一位位於皇后大道中執業，名為"女性醫廬"的女醫師王施德等。若干位一直懸壺濟世至 1950、1960 年代。

1　在文武廟直街（荷李活道）始創的王老吉涼茶莊的廣告，1897 年。

2　馬百良藥房在皇后大道中開新店（左），以及蘭桂坊廣生號（廣生行）發售驅風癖疫之薄荷水（右）的廣告，1905 年。

3　上環蘇杭街源廣和銀硃店發售"源吉林甘和茶"的廣告，1906 年。

4　1908 年，保心安油的廣告，說明該店位於"大鐘樓（畢打街）過的"之大馬路（皇后大道中）利源西街 3 號（近中環街市），街口有榕樹一株。

1900 年至 1920 年的中藥及膏丹丸散藥行，計有：

名稱	地址
梁財信	干諾道中 128 號
同仁堂	皇后大道中 281 號
馬百良（成立於 1822 年，於 1900 年在港開分廠）	皇后大道中 310 號
錢澍田	皇后大道中 312 號
瑞昌疋頭店藥行（1900 年創辦）	永樂街 41 號
天喜堂、天相堂	荷李活道 64 號
正和堂（1908 年承辦東華醫院中藥科）	皇后大道中 102 號
唐拾義	文咸東街 23 號（後來遷至 65 號）
保心安（1907 年成立）	利源西街 3 號（廠房設於銅鑼灣道 162 號）
林崩牙成	德輔道西 9 號
賴耀廷	德輔道中、皇后大道中
梁培基	皇后大道中 230 號
虎標永安堂	灣仔道
回春堂（負責人林少泉）	閣麟街 6 號及 11 號

上述藥行的成藥，有補腦丸、久咳丸、發冷丸、萬金油、藥油、肥仔丸、調經丸、花柳藥及驚風散等。

位於皇后大道中 310 號之馬百良
藥房，約 1925 年。此圖於其斜對
面皇后大道中 325 號的杏花樓門
前拍攝。

1920 年代至戰前的藥行，計有：

名稱	地址
陳李濟	文咸西街、皇后大道中 206 號
北京樂家老舖達仁堂	皇后大道中 214 號
百昌堂	文咸西街 12 號
何明性堂	皇后大道中 314 號
余仁生	文咸東街 1 號、皇后大道中 109 號
二天堂（1930 年港行開業）	皇后大道中 182 號
宏興	莊士敦道 193 號
位元堂（1936 年港行開業）	荔枝角道 108 號
集蘭堂	皇后大道中 269 號
靈芝藥廠	皇后大道中 289 號
保滋堂	皇后大道中 253 號二樓
黃耀南	文咸東街 95 號
李眾勝堂	文咸東街

1　"下環中醫院"（東華東院前身）及廣華醫
　　院的競賽龍舟籌款廣告，1921 年。

2　街頭涼茶檔，約 1920 年。

3　由急庇利街東望文咸東街，約 1920 年。
　　當時正舉行年宵花市，兩旁臨時花檔遍
　　設。此街除了金銀號外，亦有多間參茸
　　藥材行。

上述藥行或藥廠製售多類成藥,如猴棗散、養陰丸、二天油、血中寶、鷓鴣菜、白鳳丸、十靈丹、保嬰丹及檸檬精等。

當時,著名的藥行還有遍佈於文咸東街及文咸西街的壽草堂、金利源、萬春堂、百隆堂、百安堂等。1930 年代末,香港共有一千多家藥材行及成藥行。該行業的商會為"參茸藥材行寶壽堂商會"。

永安堂的胡文虎、余仁生的余東璇以及二天堂的韋少伯,皆為顯赫的社會名流。

和平後,雖然不少新藥廠相繼創辦,但大部分傳統藥廠亦能與時並進,並有長足發展,不少新舊藥品都成了家傳戶曉的名牌。亦有若干間代客製造膏丹丸散和藥餅的廠房,包括位於上環四方街及弓弦巷的大通藥業公司。

由戰前至 1990 年代,在各市街的攤檔中,有若干檔出售"偏方"生草藥,部分中藥行亦兼營此業。生草藥的食療及外敷品種,有雞骨草、半枝蓮、崩大碗、益母草、獨腳金以至"止血"的黃狗毛等。不少人稱這些"偏方"為"草頭驗方"。當時草藥行業的工會為"生草藥業工會"。

▲ 位於灣仔石水渠街與景星街交界的林鎮顯醫館和健身院,約 1975 年。

▼ 位於皇后大道中 109 號、古色古香的余仁生藥行之舖面及櫥窗,1985 年。(圖片由陳創楚先生提供)

◀ 1989 年，英皇儲伉儷訪港，查理斯皇儲
（Prince Charles, The Prince of Wales）由
港督衛奕信（David Clive Wilson）陪同，參
觀參茸藥材店雲集的南北行街（文咸西街）。

第十九章

西醫院與西醫

西醫院

　　1841 年，一位律敦治氏（Hormusjee Ruttonjee）捐出港幣 12,000 元，在西營盤興建一間海員醫院，於 1842 年開幕啟用。

　　1848 年，該海員醫院遷往灣仔峽道的醫院山後，原址改為政府的 "國家醫院"，於同年 11 月 1 日成立。

　　海員醫院後來改為海軍醫院，到了 1949 年再變為律敦治防癆醫院。

　　1851 年，法國育嬰堂在西營盤創建。

　　1870 年，聖佛蘭士醫院在灣仔聖佛蘭士街成立，一直服務至 1960 年代。

◀ 1911 年慶祝英皇喬治五
世加冕，蓋搭於文咸東街
（右）及蘇杭街（左）的牌
樓。左方樓宇可見眼科醫
生招牌。

1872 年，位於普仁街的華人慈善醫院 "東華醫院" 開幕。1895 年，該院改為中西醫結合醫院。

1887 年 2 月 16 日，雅麗氏醫院及香港華人西醫學堂，在荷李活道與鴨巴甸街交界設立。1903 年，該院在般咸道成立一間雅麗氏那打素利濟合院。迄至 1907 年的 20 年間，在該學堂學習之學生共 100 名，惟畢業者僅 31 名，畢業生後來多在港行醫。1906 至 1907 年之畢業生為何乃傳、鍾奕信、關景鏗及李可楨，在定例局（立法會）向他們頒授文憑。

1890 年，香港開始有外籍女護士，1895 年開始有華籍女護士。

1906 年，另一附屬雅麗氏醫院之何妙齡醫院開幕，稍後改名為雅麗氏那打素何妙齡利濟醫院。1908 年，該院兼辦一間免費服務貧民的雅麗氏接生醫院。

1911 年，位於荷李活道始創的雅麗氏醫院仍在運作。

該位於般咸道的一系列醫院稍後於 1930 年代重建，1938 年落成使用，並改名為雅麗氏何妙齡那打素醫院。

法國修女管理的聖保祿醫院於 1898 年開始營運，二十世紀初在原銅鑼灣渣甸紡紗局原址擴建。

1903 年 3 月 28 日，東華醫院新院落成，由港督卜力（Sir Henry Arthur Blake）主禮。

1907 年，山頂的馬鐵達（明德）醫院開幕。1952 年，該院重建落成，新建一幢樓宇用以紀念於淪陷期間的 1943 年遇難的滙豐銀行總司理祁禮賓爵士（Sir Vandeleur Molyneux Grayburn）。

1911 年，服務九龍坊眾的廣華醫院開幕。

1919 年，香港大學醫學院開幕。

1922 年 4 月 1 日，在四萬多呎的原愉園遊樂場地皮上創立 "香江養和院"，創辦人包括著名西醫關心焉、李樹芬及馬祿臣等。1932 年，該院重建落成，易名為養和醫院，當時的主席為李樹芬

▲ 由利源東街望皇后大道中，約 1925 年。正中位於皇后大道中的樓宇，是名西醫馬祿臣的醫院。

醫生。李氏曾任中國衛生部長，1937 年任香港華人代表及定例局（立法會）議員。馬祿臣醫生亦於當時在皇后大道中 58 至 62 號開立一間馬祿臣醫院，多位名西醫在該院診症。

1929 年，原創設於皇后大道東、由東華醫院屬下集善醫所擴建的東華東院開幕。

1937 年，位於青山道的寶血醫院成立。

1940 年 9 月 14 日，位於亞皆老街的九龍聖德勒撒醫院開幕。該醫院旁本有一條 "梨雲道"（Leven Road），為免被聯想作 "離魂"，該道路於 1953 年易名為 "露明道"。

1941 年 3 月 14 日，位於半山巴丙頓道、由二天堂主人韋少伯創辦、樓高三層的太和醫院，由羅旭龢主持開幕禮。該院有 37 間大小病房，可容納 60 名病人。

淪陷時期，那打素醫院易名為 "香港市民醫院第一醫院"；聖德勒撒醫院易名為 "香港博愛醫院九龍分院"；東華醫院、廣華醫院及寶血醫院仍一直為市民服務。部分醫院包括聖方濟各醫院、太和醫院、養和醫院，及港島的法國醫院等，則用作空襲時的收容救護醫院。

和平後的 1950 年，下亞厘畢道的港中分科醫院開幕。

1960 年，半山嘉諾撒醫院開幕。

西醫

1870 至 1880 年代，已有多位華籍及外籍西醫，在威靈頓街、荷李活道、伊利近街、皇后大道西及太平山街一帶註診，當中有祿乞醫生（Lachead）、央醫生（Young Richard）及著名的康德黎醫生（James Cantlie）

1887 年在荷李活道成立的雅麗氏醫院，內設西醫學堂，其中造就了多名華籍西醫，當中包括於 1892 年畢業的孫中山先生。該院設有一間由李鴻章贊助的那打素藥房。

由利源西街東望
皇后大道中，約
1918 年。這一
帶的樓宇有關心
焉、何高俊及馬
祿臣等多位名西
醫，以及包括麥
沾泗、鄭肇春、
麥紀常及楊少泉
等牙科醫生。

二十世紀初，著名的西醫有關心焉、李樹芬等。1909年，有一日籍醫生在中環柏拱行執業診症，並僱有翻譯員。

1930至1950年代的著名西醫，有何高俊、莊兆祥、華則仁、馬祿臣、單樂生、單季生、周錫年、葉大楨、彭定祥、趙不波、鄧炳輝、蔣法賢、譚嘉士及簡禮陶等。

淪陷時期獲准執業的西醫，有馬祿臣、馬超奇、張榮棣、梁德基、趙不波、單季生、周錫年、霍永根、單樂生、霍永楷、胡百富、葉大楨、蔣法賢、吳瓊堅、莊兆祥、施文蔚及李樹培等多位。上述西醫不少被指為"名流醫生"及"公醫"。日軍當局付予他們"相當之待遇"以為市民診症。

於1950至1960年代，彭定祥醫生擔任政府法醫官，鄧炳輝醫生擔任醫務總監，周錫年醫生則為行政、立法局議員及華人代表。

由皇后大道中上望砵典乍街，約 1933 年。右方 "啟文絲織廠" 樓上為一間西醫診所。左方 "天然居粥品" 的店舖於 1945 年 10 月，變為由軒尼詩道遷至的鏞記酒家。

婦產科

1880 年代，港島已有若干名標榜"西法接生"、被稱為"執媽"的接生婦（助產士）。當時憲報也不時刊載合法接生婦的名單。

當時，有接生婦在報章刊登廣告，宣稱她們在國家醫院學習接生並已畢業。

1911 年，香港成立接生局，該局的首批接生婦於 1912 年於雅麗氏接生醫院畢業。

1918 年，醫學部批准共 62 名接生婦執業，當中包括西婦 3 人。

日治時代，東華、廣華及贊育醫院為免費留產醫院。

和平後至 1950 年代，香港共有超過 100 名接生婦。當時，大部分有傳統觀念的婦女，不願進入醫院生產而向接生婦求助。當時，多間留產所於港九各大小街道的樓上開設，多以"大姑"、"二姑"、"三姑"以至"十姑"等名義經營，如麥大姑、黃何二姑、湯慕貞三姑、朱六姑、何十姑等。在灣仔區亦有一位著名的印籍接生婦，名為"摩囉二姑"。此外，亦有多間冠名的留產所，包括兆芳、安寧、保生、添男，及一間位於中環（現萬宜大廈所在）的添丁留產所等。

位於二馬路（般咸道）與高街交界八號差館對面的
雅麗氏接生醫院之免費接生服務廣告，1905 年。　▶

啓者現有訓練接生之華人女士二位常駐本院自西歷八
月初一日始凡港中貧之人等遇有生產之事無力請人接
生者無分順逆俱可即到院報知定必親往料理不取分文
本院更有英國女醫生一位從中隨時關照如有貧婦產蓐
產需他助理者亦必親臨料理不取分文
其益此乃本院同人區區之意也
一千九百零五年　七月三十一號
二馬路第八號差館對面雅麗氏接生醫院謹啓

雅麗氏接生醫院告白

◀ 由閣麟街上望威靈頓街,約1938年。上中部可見"潘七姑留產所",其右鄰為位於50號著名的"聚珍書樓"。

第二十章 牙醫

　　1870 年代，已有外籍及華籍牙醫在港執業。港督軒尼詩曾往參觀一間華籍牙醫診所，發覺其醫療器具與外籍牙醫所用無異，而其製造之假牙工藝精美，甚至一位美國牙醫亦委託該華籍牙醫代造。

　　1890 年代，一名華人牙醫徐善亭在報章刊登廣告，替人治療牙疾及用西法鑲牙，並出售刷牙香梘及香粉。當時已有多位外籍牙醫，包括位於畢打街 2 號的喬牙醫（Kew C. T.）。

　　踏入二十世紀，不少牙醫在港九各區執業，同時亦有不少無牌牙醫及江湖郎中，專責脫牙及鑲牙。當時已流行鑲金牙或銀牙。該等"牙醫"的執業地點為荷李活道大笪地，以及油麻地榕樹頭和附近街道，當中亦有設醫館者。

▲ 接近利源東街的皇后大道中，名醫及牙醫雲集，約 1935 年。左方為位於 51 號、於二十世紀初開業的宜華藥房。

1920 年代的著名牙醫，有酈達源、劉子威、劉伯偉及杜惠庭等。

日治的三年零八個月期間，牙醫嚴重缺乏，九龍甚至全無牙醫。當時，有一個在 "衛生部主管" 指示下成立的 "日醫學齒科醫師會" 規管牙醫。當局亦曾指令各牙醫速往 "衛生課" 登記。

到了 1944 年 6 月，港九只有 "甲種牙醫" 6 名、"乙種牙醫" 15 名，其餘大量牙醫已離港。

和平後，大量牙醫回港執業。有位於中西區、為街坊熟知的陸貫如、關渭霖、張樹明、李有山、劉子安、梁孔景、莫汝國；東區的湯振國、潘霖方、許日初，以及九龍的何榮真及梁寶臣等。其中位於跑馬地的潘霖方，曾吸引多區牙患者前往求醫。

五十年代，位於德輔道中的 "鐘聲慈善社"（現遠東發展大廈所在），設有 "一元脫牙" 服務，由池元平牙醫主理。同樣提供廉價牙醫服務的，還有位於士丹頓街與華賢坊西交界的 "華僑診所"。

當時，市民視鑲金牙為時尚。1949 年起，政府限制市民持有黃金的數量及成色，但牙醫則獲豁免。至於被稱為 "瓷牙" 的原色假牙，暫不受普羅市民歡迎。

由 1950 年代起，不少無牌西醫（尤以牙醫為多），在 "三不管" 的九龍寨城區營業，遍設於該區的舖位及樓層，以東頭村道一帶最為密集，甚至成為該一帶之 "景點"，不少市民前往診治。該現象一直維持至 1992 年，直到該區清拆並開闢九龍寨城公園為止。

▲ 由九龍城美東邨望東頭村道，約
　 1982 年。可見多家設於九龍寨城
　 樓宇內的無牌診所。

第二十一章

藥房與藥行

　　香港最早的西藥房，名為"香港大藥房"（Hong Kong Dispensary），於 1841 年 5 月在上環掘斷山街（後併入荷李活道）的"佔領角"（於 1870 年代改為"大笪地"）內開設，主要出售藥物予駐港英軍。

　　1878 年，該藥房被一位屈臣醫生收購，稍後易名為 A. S. Watsons（屈臣氏），1886 年改組為有限公司。

　　屈臣氏除售賣西藥外，亦經營中藥的膏丹丸散和化妝品。但最著名的為於 1876 年設廠生產及銷售一種早期稱為"荷蘭水"的汽水。

　　早於 1860 年代，"香港大藥房"已遷往皇后大道中 36 號（現興瑋大廈所在）。差不多同時，附近亦有同樣生產汽水的"威建"及"德建"（Victoria）藥房，毗鄰亦有一蘊仁藥房，以及位於 51 號的佛蘭西（French）藥房。

1900 年，位於永樂街 41 號的瑞昌疋頭店藥行開業，經營多種中西成藥，司理人為何華生。

約 1904 年，屈臣氏藥房遷往德輔道中亞力山打行（歷山大廈）。

1910 年起，著名的宜華及中華大藥房，在皇后大道中開業。同時開業的還有一間安寧大藥房（Colonial Dispensary）。

1920 至 1930 年代，不少藥房和西藥行在永樂街及附近的德輔道中、皇后大道中以至永吉街一帶開設。因附近的干諾道有多座大洋船及內河船碼頭，加上這一帶開設有多間廉價酒店、客棧和旅館，除供旅客入住外，亦為私娼活動及"交易"陽台，所以這一帶

▲ 位於皇后大道中 32 號與雲咸街交界的德建大藥房（Victoria Dispensary），約 1900 年。德建藥房亦出產汽水。

若干間藥行除售賣各種西藥外，也有售賣"催情"及治療"風流病"的藥物。

當時較大規模的藥房及藥行，計有新世界、聯邦、中德、惠民、世和堂、天壽堂及柏林等。1938年時約有七十多間。該行業的商會為"香港藥行商會"。

內地抗戰期間，西藥銷售大增，香港各藥房及藥行均獲厚利。

和平後，更多西藥房及藥行在香港開設，包括永寧、光華、全球、勝利、世和、東亞、先寧、一鳴、民興、長城、香江、威靈、益群及張錦記等。

1950年代起，藥房及藥行行業十分蓬勃，因應對內地禁運而引發的強大需求，不少西藥如盤尼西林等，用明或暗（如走私等）的渠道輸入內地。部分藥行及藥房亦兼售化妝品，尤以永樂街及德輔道中一帶為多。

▲ 屈臣氏藥房的膏丹丸散中西藥、藥酒和化妝品廣告，
1900年。

▲ 一間位於德輔道中近萬宜里的新發藥房，1985 年。（圖片由陳創楚先生提供）

第二十二章

美容業

1900 年前後，"大家閨秀"的婦女，在"三步不出閨門"風氣下，不喜"拋頭露面"，甚少在街道上流連。她們"扮靚"的化妝品，主要為胭脂水粉和稱為"口紅"的唇膏。部分較西化者，則往西藥房購買外國及香港出產的化妝品。

俟後，社會風氣漸趨開放，不少婦女往名為美容院的髮型屋整理頭髮，部分美容院亦提供化妝及修甲等服務。時尚的電髮（熨髮）技術於 1920 年代後期傳至香港，吸引不少"摩登"婦女。

1930 年起，包括先施在內的多間大百貨公司，不時舉辦時裝展覽，除"摩登"婦女外，亦吸引電影明星、粵劇紅伶，以至塘西風月區的阿姑（妓女）輩前往觀看。

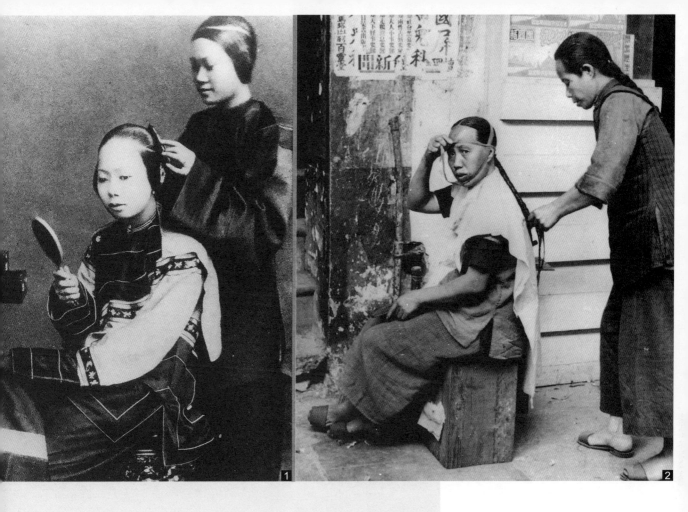

當時生產化妝品的本地公司，有廣生行、先施、百家利、安華、潔成及三鳳等。亦有若干外國化妝品公司頻頻舉辦推廣活動促銷。三、四十年代，已有男士使用的頭蠟、髮乳、剃鬚水等。其中"香港之夜"牌頭蠟較受歡迎。

和平後，不少如連卡佛、永安等中外大百貨公司，均設有不同外國化妝品的專櫃，由美艷的化妝小姐示範推介，及指導女士打扮，不少新娘子亦委託她們上門及到酒樓幫忙化妝。1970年代興起的婚紗攝影公司亦會為新人化妝。

1　正為一名"大家閨秀"化妝及理髮的美容師，約1890年。

2　街頭女理髮師，約1947年。理髮師亦會提供又名"扯寒毛"的線面美容服務。

1960 年代，露華濃及蜜斯佛陀等化妝品，也贊助商業電台及麗的呼聲之美容講座。

同時，有很多美容中心、儀容屋、美容之家、髮型化妝之家，以至美容減肥中心等在各區開設，當中一間以"艷色天下重、蓬門綺羅香"作為宣傳廣告語句，頗為馳名。

早於 1950 至 1960 年代，已有若干標榜可"隆胸"及"健乳"的化妝品及藥品在市面上行銷。

迄至 1980 年代，上環廣源東街（現新紀元廣場所在）多間被稱為"洋雜舖"的百貨批發公司，以及永樂東街的西藥行及藥房，皆經營化妝用品批發。

▲ 由灣仔和昌大押西望莊士敦道，約 1952 年。
可見兩間位於大王西街口的理髮及美容院。

◀ 位於太子道西 123 號 A 的浴德池浴室，約
2002 年。該店為男士提供按摩及"修腳"等
服務。

第二十三章

理髮室

　　1880 年，報章上已有"修容店"的廣告。同時亦有不少"外江整容室"，相信是為男士薙髮及修飾儀容者。當時香港亦有不少薙髮店（又名"剃頭店"）及街頭薙髮匠。1909 年，有位於荷李活道 65 號的新盛福薙髮店，以及位於德己立街 21 號的同合剃頭店。

　　1910 年 10 月 15 日，由關心焉醫生及陳子褒君發起之"剪髮不易服會"成立。稍後在華商會所集體剪去辮髮。同時，郵差亦跟隨剪辮及換上絨制服。

　　當時，市面上有多間剪髮所、理髮所、飛髮店及光彩店，在德己立街、威靈頓街、皇后大道中及利源東街、利源西街等開設，包括有寬、李義等。部分宣稱"西學花旗（美國）、有文憑紙"。而設備則標榜為"堂舍光明、門牆華麗、有燈皆電、無扇不風"。後者是指僱人拉拽設於天花的布帳風扇以生涼。

　　當時，該行業之工會為"理髮煥然工社"。

　　同時，亦有不少買賣頭髮的店舖，但須往潔淨局領牌才可經營。

　　1920 年代，亦有不少婦女剪去辮髮，理髮店亦設有"女界"。當時很多現代化理髮店僱有男女理髮師，提供剪髮、捲髮及修甲服務。理髮室亦招收男女學徒，學成後月薪可達 30 元，在當時是頗高的水平。

　　1929 年，有一間位於畢打行二樓的"亞力山打修髮室"，內有外籍理髮師，設備法國、美國及德國的捲髮機及熨髮機，標榜歷久不變。1930 年代，女界電（熨）髮價格為 3 至 6 元。當時普羅市民月薪為十多元。

1930 年代起，荷李活道的大笪地以及文武廟對開的廣場，各有大約七、八間理髮店。若干間中式酒店，包括德輔道中的"南屏"等亦設有理髮部。

同時，有不少被稱為"梳頭婆"的街頭女性理髮師，為婦女理髮或梳理辮髻，她們用一種"刨花膠"作髮油。她們亦提供以蘿線扯（拔）"寒毛"及面毛的服務。

1940 年，有人以每斤 3 至 5 元收購頭髮以製造假髮，市面頻頻發生歹徒攔途強剪婦女髮辮之事，導致不少女客須往理髮店剪辮。

和平後，社會漸趨穩定，市民多注重儀容，不少理髮室及美容院在港九各區開設，尤以皇后大道中、德輔道中、"小上海"北角區較多。九龍則集中於尖沙咀、彌敦道及上海街一帶。當中不少技師由上海抵港，大部分理髮店因此均以上海師傅為宣傳。五、六十年代知名的理髮店，有新那麼、金殿、建國、陳少田、美齡、揚子及滬江等。揚子現時仍在跑馬地營業。另外，還有一間位於娛樂戲院樓下、標榜為"牌子老而技式新"的良友。

五、六十年代，理髮室亦提供剃鬚、採耳（挑耳垢）、剃面、電面（用手術按摩）等服務，現時則較少見。

同時，港九亦有多間樓上的女子理髮店，尤以中環的永吉街、機利文新街，及上環的永樂街一帶最為集中，吸引了不少洋行及銀行職員及"大班"等前往光顧。

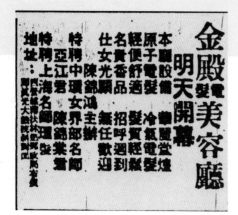

◀ 位於西營盤薄扶林道的金殿電髮美容廳開業廣告，1950 年。該店標榜特聘上海名師。

由皇后大道中望中國街（萬宜里），約 1930 年。可見 ▶
一兼醫"爛耳"的理髮所。

1 徙置區的街頭理髮師,約 1965 年。

2 約 1950 年的皇后大道中。左方為利源東街。可見一間那麼美
  髮室及樓下的鄺基男女理髮院。

第
二
十
四
章

影樓

　　攝影於 1839 年發明，至 1840 年代已開始有稱為 "影樓"、"映畫館" 或 "寫真館" 的照相館在香港開設。當時的影樓多採用 "銀板攝影" 技術。

　　1860 至 1870 年代，影樓多設於皇后大道中，其中有位於 60 至 70 號一帶的輝來、域多利、興昌、南楨及永祥。稍後則有位於 8 號 A 的其興、17 號的廣利祥、31 號的華芳及阿圖勿、76 號的繽綸、104 號的華真及 120 號的容昌等。

　　此外，還有位於嘉咸街 42 號的悅新；威靈頓街的泰來；由溫松階開設、位於雪廠街的美璋（分店後於滙豐對面的柏拱行開設）及灣仔皇后大道東的華興等。根據 1881 年的統計，香港有 "影相者" 45 名。

由鴨巴甸街西望威靈頓街，約 1910 年。左方為經營至　▶
1960 年代的和昌影相樓，右方可見艷芳照像館的招牌。

早期的影樓利用室外射入的天然光線，需一段時期才收集到足夠光源，故被拍者須久坐不動，甚至用叉托着下顎以固定姿勢。後來，有不少採用燈光拍攝者，故出現"電光照相館"及"日夜影相公司"等服務。

早期照相不為華人接受，誤信會被"攝去魂魄"或"攝去元陽"。不少人寧願被人"畫丹青"或"寫真"（描繪人像畫）。根據 1881 年的統計，從事此業者有 200 人。後來，華人觀念改變，漸漸開始喜往影樓，在樓台或風景佈景板前拍照。

1880 年，華芳影相店將京畿（北京）各處名勝，用"照法"影出，稱為畫圖，並裝釘成冊，在大酒店"基里華士"（Kelly & Walsh）書坊（即別發書莊，後來改名為"必發"）代售。

1898 年，英國租借新界條約簽訂後，布政司駱克（Sir James Haldane Stewart Lockhart）前往考察，帶同美璋及華興兩間影樓的人員隨隊拍攝。該考察報告為後來著名的《駱克報告書》（即《香港殖民地展拓界址報告書》）。

十九世紀後期的影樓，是以"精寫油畫、妙手影相"，以及"影出形神明亮"作招徠。不少影樓備有戲服及各式服裝，配以園景、欄杆以至花木等裝飾。

二十世紀位於皇后大道中的著名影樓，計有 19 號的萬耀榮、39 號的美芳、146 號的麗真、244 號的光藝。還有德己立街的華芳，以及威靈頓

▼ 華興影相館出品的明信片，約 1910 年。可見在其館內拍攝的兩名清裝孩童。

No. 234　　Chinese Girl & Boy

街的艷芳、鏡明及和昌等。不少塘西名妓的照片是在百步梯（於歌賦街尾）旁的光藝影相館拍攝。

1919 年，一間寶真影相館代警方為嫌疑人物拍照。

1922 年，已有影樓提供上門影相及拍攝護照相服務。

三、四十年代，因各類證件需要，影樓及照相機的生意不俗。

1950 年代初，美璋、艷芳、和昌及光藝等影樓仍在經營，亦增加了位於皇后大道中 38 號的新英明、88 號的百老滙，以及威靈頓街 72 號的真善美等。還有拍攝了不少明星照片的國際、沙龍及蘭心等攝影館。

港九大街上亦遍佈攝影館或照相館，有多間位於荷李活道大笪地（現荷李活道公園所在）內。當時，也有不少專拍攝證件相的"一小時快相"流動攝影檔，位於消防局大廈（現中環恒生銀行總行所在）兩旁的域多利皇后街及租庇利街，它們直至 1970 年代初才陸續消失。

▲ 美芳影相館（上）及美璋影樓（下）的廣告，1921 年。舊大葛樓及香港影畫戲院，於 1924 年改建為華人行及皇后戲院。

◀ 由和昌影相樓送出的香港大學開幕照片，1912 年 3 月 11 日。（圖片由吳貴龍先生提供）

AUGURATION OF THE HONGKONG UNIVERSITY.
11TH MARCH 1912.
PRESENTED BY WOO CHEONG PHOTOGRAPHER.
TO THE BAZAAR.
PHOTO BY A. FONG.
香港大學開學紀念　香港和昌景贈

◀ 位於皇后大道東與第一代軍器廠
　街交界的日本古玩店大佛洋行
　（"大佛口"的名稱由此而來），約
　1925年。其樓上為華興影相館，
　左方為軍器廠。

公共交通事業

纜車

早期名為 "高地電車" 之山頂纜車，於 1885 年開展興建工程，至 1888 年 5 月 30 日通車。初期山頂纜車也稱為山頂火車、鐵纜車或登山電車，1960 年代後期正名為纜車。

由 1890 年代起，纜車公司每逢重陽節或清明節便會大登廣告，呼籲市民乘搭纜車登高或踏青。

公司的股權曾屬遮打爵士，1971 年變為香港大酒店集團的全資附屬機構。

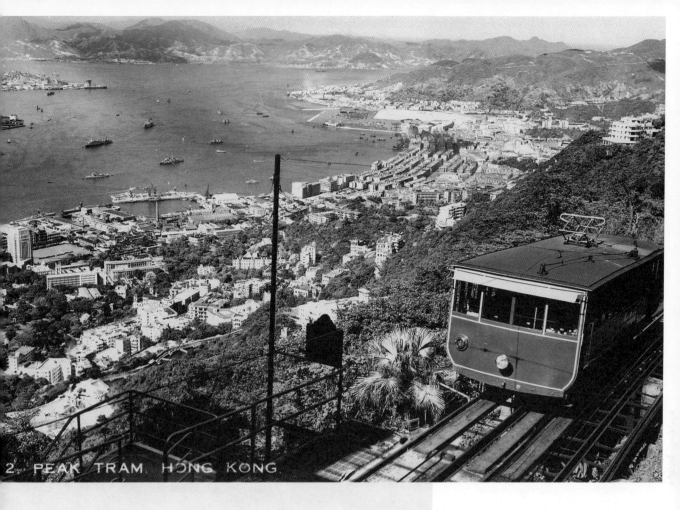

2 PEAK TRAM. HONG KONG

1909 年，纜車公司曾提議興建第二條纜車路線，但最後無疾而終。

日治時期的 1942 年中，纜車恢復通車。到了 1944 年初開始縮減班次，繼而只供公務員乘搭。同年 8 月停止行駛，直到 1945 年聖誕日才恢復服務。

纜車為接載更多乘客，曾於 1926 年、1950 年代初，以及 1990 年更換款式。現時行駛的是瑞士製的雙卡新型車廂。

▲ 將抵達山頂的一輛第二代電動纜車，約 1953 年。

▼ 山頂火車（纜車）公司於重陽節的招徠廣告，1904 年。當時來回票售 5 毫。

重九佳節請登

敬者本公司特於重陽日早由七點半鐘起至晚八點止每十分鐘開行一次來往不停以助各位商客登高處（車票價列）上山每票三毫下山每票三毫來回每票五毫一千九百四年十月十三號 山頂火車公司謹啟

181

▲ 剛投入服務的第三代纜車，1951 年。背景為滙豐銀行及將落成的中國銀行。

▲ 位於花園道的第二代登山電車（纜車）站，約 1958 年。

電車

　　於 1881 年建議籌辦，由港島堅尼地城至筲箕灣的"低地電車"，直到 1901 年才關建。除原來的路線外，還加了一條跑馬地支線。電車公司早期稱為"電氣鐵路公司"、"香港電車局"及"香港電線車公司"。

　　電車於 1904 年 8 月 1 日通車時，共有單層電車 26 輛，其中 10 輛為頭等的"西人車"，16 輛為前三行頭等，後六行三等的"華人車"。1912 年起，電車逐漸改為雙層。

　　1912 年，電車公司停收中國銀幣，港人掀起抵制風波，後於 1913 年 3 月才平息。

▲ 經過"香港木球場"（現遮打花園
　所在）的一輛單層電車，約 1910
　年。右方美利道旁的軍營樓宇現
　為政府停車場。

電車公司於 1910 年代曾四次向當局申請在九龍開辦電車，但以九龍行走巴士較適當為由，被當局拒絕。電車公司曾於 1920 年代後期起至 1933 年，經營部分港九巴士路線。

電車在天后至北角的路段，早期行經電氣道，到了 1936 年才改經新闢成的英皇道。

▼ 經過皇后大道東（金鐘道）美利樓（圖左）前的一輛木篷雙層電車，約 1925 年。車頭交通指揮亭後是美利操場旁的公廁（操場的一帶現為長江中心所在）。右方為木球場及第一代大會堂。

1　約 1910 年，"香港電車局"（Electric Traction Company of Hong Kong Ltd.）的 1 毫頭等車票。

2　1930 年代的 "三仙士" 三等電車票。

▲ 由雪廠街西望德輔道中，1927
年。可見多輛密封及木篷電車。左
方為東亞銀行，正中尖塔屋頂的
建築是渣甸行，其前面是正拆卸
中、一年前被大火焚毀的香港大
酒店。右方的英皇酒店於 1930 年
遭焚毀，所在現為歷山大廈。

日治時期，曾有載貨電車，可是後來電車數量大幅縮減，而且不時停駛，路線亦一度縮減為只由銅鑼灣至上環，後來才復抵石塘咀。

和平後，原來的 112 輛電車中，只有 15 輛可以行駛，要到 1947 年才陸續恢復服務。至 1959 年底，香港共有 147 輛電車。

1964 年 8 月 6 日，第一輛載客拖卡開始行走，後因阻礙交通於 1982 年起被撤銷。

1978 年，當局曾建議以輕便鐵路系統代替電車。

1980 年，政府拒絕電車公司興建隧道冀使電車通往柴灣的建議。

1980 年代後期，位於羅素街的電車廠遷往石塘咀，原址改建為時代廣場。

1 淪陷時期往 "八幡通" (即莊士敦道) 的電車票,用原來車票加蓋使用,而車費則實為三仙的許多倍。

2 小童頭等電車票樣本 (沒有號碼),約 1950 年。

3 成人三等電車票樣本 (沒有號碼),約 1950 年。

4 電車公司在跑馬地拍攝的廣告,呼籲市民 "乘搭電車 (Tram it),不要徒步遠行 Don't Tramp it",1940 年。

5 淪陷時期的明信片,1942 年。兩輛電車在 "東昭和通" (即德輔道中) 行駛。左方為畢打街口的渣甸行。

▲ 電車售票員梁紹桔先生，1964 年攝於堅尼
地城總站。（圖片由梁紹桔先生提供）

德輔道中近中環街市，在街道上行駛的電車 ▶
拖卡，1970 年。拖卡後於 1982 年全被取消。

巴士

港九的巴士服務始於 1909 年，當時由港督盧吉（Sir Frederick John Dealtry Lugard）會同行政局通過開辦由尖沙咀碼頭至紅磡黃埔船塢的路線。

而港島的首條巴士路線，是從 1910 年 6 月起至 1918 年開辦，由現時"打小人聖地"銅鑼灣鵝頸橋至跑馬地愉園遊樂場的路線。以上兩者的單程收費均為 1 毫。

1921 年，香港仔街坊汽車公司經營西營盤至香港仔的巴士路線。而香港大酒店汽車公司則經營中環至淺水灣和若干條港島巴士路線。

同年，九龍汽車有限公司經營九龍區由紅磡經尖沙咀，及由油麻地至深水埗的四條巴士路線。

1923 年，名園汽車有限公司經營北角至石塘咀風月區的巴士路線。同年，啟德汽車有限公司經辦尖沙咀至九龍城啟德濱等若干條九龍區巴士路線。

1924 年，顏成坤的中華街坊汽車公司（中巴），亦經營若干條九龍及新界的巴士路線。

1925 年，華美公司和元朗街坊快樂汽車公司開辦由九龍往新界的巴士路線。

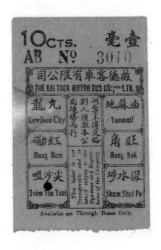

▲ 停泊於香港仔大道與湖南街交界總站的香港仔街坊汽車（巴士），約
　1925 年。（圖片由吳貴龍先生提供）

◀ 啟德客車公司（右）及香港仔街坊汽車公司（左）的車票，約 1925 年。
　（圖片由吳貴龍先生提供）

1

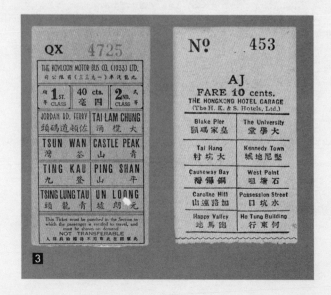

2

3

1928 年，電車公司開辦若干條港島的巴士路線，並全盤接辦啟德汽車公司在九龍經營的若干條巴士路線。

1931 年，報章介紹港九巴士公司規模，在港島區依次為鼻祖的香港仔街坊汽車，次為大酒店公司的黑巴士，再次為電車公司的綠巴士。在九龍區依次為九龍汽車（九巴）、啟德汽車，隨後是中華街坊汽車（中巴）。新界區依次為華美汽車、上水南興巴士及元朗安樂公司。而九巴當時亦有經營由九龍至元朗的巴士路線。

1933 年初，港府決定將港島、九龍與新界的巴士路線，分別交予一間公司經營。經過標投後，港島路線由中華汽車有限公司投得，九龍及新界路線則由九龍汽車（1933）有限公司投得。

港島南區的淺水灣線，部分仍由香港大酒店經營，迄至淪陷前為止，導致中華汽車與香港大酒店不時發生爭客糾紛。

1 1935 年輔幣短缺期間，中華汽車有限公司發行的 5 仙代幣（正面及背面）。

2 約 1930 年，由 "香港電車公司"（Hong Kong Tramways Ltd.）所經營之港島巴士
（Motor Omnibus）的頭等車票，票價 1 毫。

3 香港大酒店巴士車票（右，約 1928 年）及九龍汽車（1933）有限公司巴士車票
（左，約 1938 年）。

4 由皇后像廣場西望遮打道，約 1928 年。可見兩部香港大酒店屬下編號為 59 及 62
的公共汽車（Public Vehicle）。該公司的汽車車身為黑色，故被稱為 "黑巴士"。

▲ 位於旺角彌敦道、弼街（右）與水渠道（左）交界的九龍汽車有限公司辦公大樓始創行，連同兩旁的車房，攝於 1935 年慶祝英皇喬治五世加冕銀禧期間。這地段現時為始創中心所在。

約 1930 年的干諾道中，兩部名為"綠巴士"的電車公司巴士，分別 ▶ 停泊於左方天星碼頭前，以及右方畢打街口的干諾公爵像前。

尖沙咀天星碼頭巴士總站，約 1948 年。
背後的九龍倉入口和建築物現時為"五
枝旗桿"所在和星光行。（圖片由吳貴龍
先生提供）

　　日治期間，大部分巴士被運往日本，初期港島只有三條巴士路線，九龍則有五條。班次及路線後來逐漸縮減。

　　到了 1945 年，港島巴士只剩下由銅鑼灣至畢打街的一條路線，九龍則只有兩部巴士，新界巴士則隔日開一班。

　　和平後的 1946 年，港島只有三輛巴士行走市區各線。如前往香港仔者，只能乘搭油蔴地小輪。

　　同年，政府調撥數輛軍車予九巴及中巴，改裝為巴士載客。

　　此時，九龍有百多部私人貨車，被改作巴士載客，九巴曾要求政府取締。最後，九巴與其"合作"，部分貨車供九巴使用，部分可繼續載客行駛，但需向九巴繳交若干費用；亦有少量由貨車改裝的巴士在港島行駛。

　　1948 年，有若干輛行走新界及港島的改裝巴士被持械行劫。

1949 年 4 月 17 日，雙層巴士開始在九龍行駛，首條路線為由尖沙咀至九龍城的 1 號線。

1952 年，九巴全面淘汰各類改裝巴士。

1955 年，中巴開始用機器藏於車底的巨型巴士，行走由上環至筲箕灣的 2 號線。

同年，九巴共有 11 條往來九龍與新界之間、以及新界區內的巴士線。

1960 年，港九巴士均加速發展。當時，中巴有約三百輛巴士，九巴則有五百多輛巴士，但供應仍嚴重不足，以致不時發生守閘或售票員與乘客動武而鬧上法庭的事件。

1963 年 1 月 21 日，雙層巴士開始在港島行走。俟後，港九的巴士大部分改為雙層。

1969 年，中巴開始實行取消售票員的上車付款，由一人（即司機）控制。俟後，各類交通工具亦跟隨。

1972 年，海底隧道巴士開辦，以及 1979 年地下鐵路（現稱"港鐵"）通車，對港內線渡輪造成致命打擊。

由於中華汽車經營不善，其 26 條港島路線，於 1993 年 9 月 1 日改由城巴接辦。其餘路線亦於 1998 年由新世界第一巴士有限公司接辦。數年後，新世界第一巴士接辦城巴業務。

◀ 一部由貨車改裝、往來元朗至佐敦
道之間的 16 號巴士，正途經彌敦
道近加士居道，約 1950 年。圖中
右方為普慶戲院，左方可見 1954
年新聞人物吳釗堅醫生的診所。
（圖片由吳貴龍先生提供）

◀ 北角邨前巴士總站，1998 年。圖
片所見的"中巴"稍後變身為"新
巴"。

渡輪

香港開埠後，已有各類大小船艇往來港九、新界及各離島。當局亦規管此等載客船艇的收費及其經營方式。

1871 年，有一間港九小輪公司，開辦小輪載運客貨往來中環及尖沙咀的航線，直到 1898 年始被早期名為"士他"（Star）小輪或"星公司"的天星小輪取代。

其他港內航線，包括中環、上環至油麻地、筲箕灣、香港仔、東區至九龍城、西貢等，由多艘船艇載運。根據 1909 年的統計，香港全年共有 137 艘載客小輪。

1919 年，九龍四約街坊輪船公司承辦天星小輪航線以西的中環、上環至九龍航線。東區至紅磡及九龍城的航線，則由東安小輪公司承辦。

到了 1924 年，油蔴地小輪船有限公司接管九龍四約街坊輪船公司的航線。1928 年亦接辦東安公司的航線。

1925 年，"典當業大王"李右泉經辦由港島往新界的多條小輪航線，後於 1938 年被油蔴地小輪船有限公司接辦。

1933 年，油蔴地小輪船有限公司開辦中環至佐敦道的載客及汽車渡輪服務。3 月 6 日，第三艘汽車渡輪"民讓號"下水。早前下水的有"民儉號"及"民恭號"。

日治的三年零八個月期間，油蔴地小輪船有限公司繼續經營。天星小輪則改名為"香九連絡船"，由佔領地總督部經營，後來由油蔴地小輪船有限公司接辦；汽車渡輪則停辦。

1　一座位於灣仔（現分域街至大王西街一帶）的小輪及內河船碼頭，約 1890 年。

2　位於雪廠街口的干諾道中、設有鐘樓的新改建天星碼頭，約 1925 年。可見第二代的天星小輪"晨星"號。

◀ 中環統一碼頭，約 1953 年。量車輛重量裝置的鐘塔樓座
前是巴士總站。前方是往大澳及荃灣的小輪，右方是旺角
線小輪及汽車渡輪。

不過，小輪數量已較以前為少並且日漸縮減，有時會用一艘小輪拉曳三艘帆船，或並排拖拉一艘小輪行走，稱為"拍拖"，情侶攜手同行被稱為"拍拖"便是源於此。最後，由於燃料缺乏，帆船和木艇被用作主要渡海交通工具。

和平後，由於部分小輪於戰時沉沒，部分小輪則被當局徵用，油蔴地小輪船有限公司的小輪只餘 15 艘可供行駛。港內線只剩下中環至佐敦道及深水埗的航線。新界線則只剩下由中環經青山（屯門）至大澳，以及香港經坪洲至長洲。此外，還有一條由香港往內地南頭的航線。輪船服務要到 1940 年代末，各航線才恢復正常。

1950 至 1960 年代，油蔴地小輪船有限公司多艘小輪及汽車渡輪下水，多條新航線陸續開辦。1972 年，再開辦"水上巴士"的飛翔船航線，第一條航線為由紅磡往北角及觀塘。這段時期為油蔴地小輪船有限公司業務的高峰期。

可是，自海底隧道於 1972 年通車後，該公司的港內航線大受影響，由 1987 年起陸續停航。不過，百年老牌的天星小輪則風采依然，一直為遊客的焦點。維港兩岸的霓虹燈光廣告，亦是朝向天星小輪航線而設置及安裝者。

1

1　油蔴地小輪船有限公司港島往長
　　洲（左），以及烏溪沙往馬料水
　　（右）的渡輪船票，1970 年代。

2　中環干諾道中，約 1951 年。最高
　　的消防局大廈前為統一碼頭，可
　　見剛駛離碼頭的第一代汽車渡輪
　　"民儉"號。

1　舊天星碼頭（前），以及即將啟用、具懷舊風格設計的新天星碼頭，2006 年 11 月。

2　告士打道與杜老誌道交界，往紅磡、九龍城及佐敦道的渡輪碼頭，約 1965 年。

3　剛落成的海運大廈，1966 年。後方可見第二代（左）、第三代（中）載客車渡輪，以及一艘雙層載車
　　渡輪（右）。

第二十六章

汽車運輸

　　1908年，香港開始有自由車（指不需路軌便可行駛），或稱為機器車、電機車及氣車的汽車在港九新界出現。當年，有市民朱伯嶽擁有兩部私家車。

　　同時，香港三達（Standard）火油公司，新運到紐約電油，適合各類電機車，以及點燈照明之用。

　　1910年，有包括飛龍、加冕、安樂及域多利等公司，提供電機車及電單車出租和維修服務。域多利公司且備有一艘大艇，以運載電機車過海。

　　1920年代，自由車及電機車出租的公司，有天星、民國、快樂及香港大酒店汽車公司等。大酒店公司且代理銷售自由車及貨車，並提供巴士服務。

1922 年，經營巴士業務的九龍汽車有限公司，開始經營港島及九龍之"德施急"（或稱"德時急"，Taxicab，即"的士"）業務。1925 年起，增加一間黃的士公司及專營九龍的士之金邊車公司。

1936 年，有一位於德輔道中 28 號的飛行汽車公司提供汽車出租服務，該公司由胡忠經營。

1939 年，港島之的士公司，有中央、明星、上海及黃的士；九龍則只有金邊。

同年，有一間提供貨車運輸服務的"聯合運輸公司"，一直經營至 1960 年代。該公司的車場位於旺角（現創興廣場一帶所在）。

▲ 尖沙咀火車站前之的士和巴士，約 1950 年。

▼ 明星的士公司廣告，1947 年，當時的士仍名為"Taxicab"。

211

淪陷初期，所有車輛均被沒收（只有電車倖免），集中於南華會球場及香港會球場及海軍球場（現中央圖書館所在），然後被運往日本。

早期，在港九有 40 輛的士行駛，稍後亦遭當局強徵而絕跡。

和平後，有多間包括明記、和合、任錫五、聯合、東方、坤記、耀記等運輸公司，它們備有貨車隊，在港九各區提供服務。

1946 年，港九各只有十多輛的士行駛。

1947 年，港九之的士公司，有上海、明星、風行、中央金邊及黃的士。1950 年，增加了新的士、大來、九龍，以及一間山頂的士公司。

當時亦有若干間汽車公司，包括德輔道中的德記，提供汽車出租服務，此種又被稱為"營業車"之出租汽車的車牌，後來轉為紅色，被稱為"紅牌車"。

1956 年，當局開始發出"教車師傅"牌照，而第一個考獲者是前港督金文泰（Sir Cecil Clementi）的司機。

1957 年，當局規定的士車頂劃一為銀灰色，車身為紅色，但這項規定到 1972 年紅磡海底隧道通車時才正式實行。

▲ 和平後約 1947 年的中環畢打街，
可見多輛的士和汽車。馬路正中
可供車輛停泊，郵政總局的右端
可見一輛 "大行公司" 之的士。正
中卜公碼頭前仍可見被運往日本
熔掉的干諾公爵銅像的石基座。
（圖片由吳貴龍先生提供）

▲ 花園道登山電（纜）車站前的多輛"明星公司"的士，約 1959 年。右方是美國領事館。

　　1960 年，港九共有的士 992 輛，但仍不足應付需求，的士站不時大排長龍，導致不少"紅牌車"通街兜客。最猖獗的是用私家車載客的"白牌車"，後兩者不時遭警方拘捕和檢控。

　　1960 年起，新界的士（實際是九座位被稱為"九人 Van"的小型巴士）開始行走。到了 1966 年，共有 607 輛新界的士在香港服務。

　　1967 年初，因現怠工潮，港島的中央、上海，以及九龍的大中等四間的士公司宣佈賣車關廠。同時，首名女的士司機獲發牌照。

　　同年 6 月，交通工具大罷工，不少貨車改為載客用。同時大量新界"九人 Van"在港九市區載客。到了 1969 年，大部分"九人 Van"經繳納牌費後，轉為合法的 14 座位公共小型巴士。至 1970 年底，全港共有 3,784 輛。

　　1976 年，"紅牌車"出租汽車，經繳費 75,000 元後，全部轉為的士。當局同時亦接受新界的士（車身綠色）牌照的申請。

　　1978 年，市區的士牌照價格超逾 24 萬，小巴身價亦暴升，收費隨之劇增。

　　1988 年，立法局通過公共小巴的座位由 14 個增至 16 個。

1

轎子

　　1840 年代迄至和平後，轎子為港島的主要登山交通工具，早期又名 "肩輿" 及 "籃輿"。
公用轎子名為 "公轎"，而私家轎則名為 "長班轎"。

　　1859 年，政府就公轎之經營，對轎夫和轎子，以至道路使用細則，作出規限和管制。

　　到了 1920 年代，各類機動交通工具，如纜車、私家汽車等出現後，轎子的作用大減。

可是，於日治時期，在各類機動交通車輛嚴重短缺的情況下，轎子、人力車、單車，以至馬車，皆成為主要交通工具。

和平後，轎子仍受到不少怕"暈車浪"之人士歡迎，仍有人捨纜車而乘轎子上山頂。

市區最後的公轎於 1959 年"退役"，位於雲咸街的最後一個轎站亦告消失。但稱為"山兜"的轎子仍在新界（尤其是大嶼山）提供服務。

1　經過皇后大道中滙豐銀行門口，迎娶新娘的大紅花轎，約 1930 年。左方為渣打銀行。

2　由牛奶公司（藝穗會）向下望雲咸街（賣花街），約 1923 年。中環的主要轎站，當時設於此街與皇后大道中交界。左方泊有名為"長班車"的私家人力車，上面書有姓氏。

人力車

　　載客的人力車於 1880 年 4 月 23 日起在香港行走，又名 "東洋車" 或 "黃包車"。人力車一如轎子，亦分名為 "長班車" 的私家車，以及公用的 "公車" 和 "手車"。 戰前，每間南北行的店舖均有兩輛私家人力車。

　　1890 年代，人力車開始在九龍出現。早期迄至 1920 年代，有包括顏成坤在內多人經營九龍的人力車業務。顏氏分別於 1924 年起經營部分九龍及新界的巴士，1933 年起經營港島的巴士。至巴士出現後，人力車日漸減少。

　　淪陷時期，人力車成為主要交通工具。至和平後的 1950 年，仍有 "公車" 人力車八百多輛。直到 1970 年代，皇后大道中的鴨巴甸街及威靈頓街口、灣仔修頓球場旁，以及港九的天星碼頭前，皆設有人力車站。

　　1950 年代，人力車的車資每五分鐘為 50 仙，較的士便宜而頗受乘客（尤其是長者）的歡迎。

　　俟後，因路面交通繁忙，人力車數量大幅減少，最後只餘下港九天星碼頭前的十多部以吸引遊客為主的人力車。到了 2006 年底，隨着中環天星碼頭拆卸而正式消失。

由都爹利街西望皇后大道中，約 1885 年。左方為第二代渣打銀行，▶
右中部為畢打街口的香港大酒店，可見多輛分別名為 "長班車" 及 "手車"（或 "公車"）的私家和公眾人力車。

▲ 由中環街市西望德輔道中，約 1920 年。
在這個華人商貿區域可見多輛人力車、
轎子及運貨木頭車。

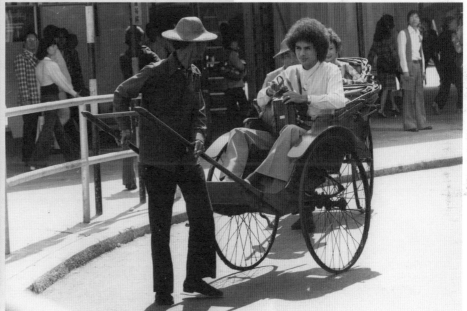

▲ 經過德輔道中中環街市前的人力
　 車，約 1930 年。

▼ 港島天星碼頭前人力車上的遊客，
　 約 1975 年。

第二十八章

航空業

香港的首次飛船（飛機）試演（"試飛"，又稱"演放"），於 1911 年 3 月在沙田村（現瀝源村一帶）舉行。經過數次失敗，終於 3 月 27 日在港督盧吉夫人等觀眾目睹下，成功登上 60 呎高空。

1928 年，當局收購九龍灣啟德濱的樓宇及土地，着手進行啟德機場及海港的發展計劃，機場工程於 1931 年 10 月完成。早於 1930 年 12 月 2 日，香港與廣州間的航班已經開辦。

1936 年 3 月 24 日，英帝國航空公司之多拉多飛船，由檳城飛抵香港，稍後多國均將航線擴展至此。同年 10 月及 11 月，汎美航空公司及中國民航公司客機亦載客抵港。當時的航機全為水面降落，需由船艇載客登岸。

1937 年，汎美航空公司的"飛剪號"飛機抵港，於 5 月 7 日開始載客飛往美國。

1938 年，啟德機場成為遠東的民航終站，每星期有二十多架民航機升降。

1939 年，汎美波音式飛機首次飛抵本港。後來波音機逐漸取代飛剪號機。

▲ 九龍灣啟德濱旁聖山上的宋王臺石及山腳右方的禁採石碑，約 1925 年。淪陷期間，日軍當局以擴建機場為由，於 1943 年着手夷平聖山。

日治時代，有一間"中華航空公司"在香港設立分社，每日均有客機飛往廣州。"香港乘客"須獲"總督部參謀部乘搭系"批准，才能乘搭飛機。

和平後的 1946 年，航班往來香港的航空公司，有中國航空、中央航空、菲律賓、汎美、環球、英國海外、法航等，以及於 1946 年成立的本地公司"太平洋航空"。該公司又名"英商太平洋航空公司"，稍後正名為"國泰太平洋航空公司"。

同年 11 月 23 日，國泰夥同"澳華出入口公司"合辦之商貨空運，首航由英抵港。一個月後，公司增闢由香港往新加坡、曼谷、馬尼拉及悉尼的民航班次。當時開辦香港與東南亞之間航班的公司，還有商業航空公司及環亞航空公司。

1947 年 10 月 4 日，依據中英航空協定，港府批准"香港航空公司"成立，開闢香港至廣州與上海的航線，並於年底啟航。當時來回廣州的票價為 72 元，單程為 40 元。

1948 年 4 月 12 日，香港與澳門之間由國泰與澳門航空公司合辦之航班啟航。一架嘉德連拿（Catalina）水陸兩棲飛機由港飛澳，在南環機場海面降落，由小輪載客往碼頭登陸。直至同年 7 月 16 日航機"澳門小姐"號失事後便告停航。

▲　和平後的九龍城區和啟德機場，約
　　1948年。前中部為太子道及其所
　　連接的西貢道，右方為亞皆老街
　　及馬頭涌道。機場及對開海面只
　　有零星幾架飛機。

　　1949 年 10 月 13 日，"香港航空公司"最後一班航機由香港飛往廣州，之後香港與內地間的空運便告停頓，到 1979 年才恢復。

　　1950 年 11 月 1 日，太平洋航空供應有限公司以及渣甸飛機修理檢驗有限公司，合併為香港飛機工程有限公司，為 16 間航空公司維修飛機，是遠東規模最大者。

　　1951 年，國泰的空中霸王機（Skymaster）往來新加坡。

　　1952 年，香港航空公司用四引擎空中霸王機往來台北、東京及琉球等地。1957 年，開辦用子爵機（Vickers Viscount）往來馬尼拉及漢城（現稱首爾）的航線。

1958年，伸出九龍灣可供噴射機升降的機場新跑道啟用。

1959年7月17日，啟德機場試辦夜航。

1962年，機場客運大廈落成啟用，為24間國際航空公司提供泊位。

1998年，機場由啟德遷往大嶼山赤鱲角。

1　由牛池灣望啟德機場，約1952年。前方橫亙的着陸跑道所在，現為新蒲崗爵祿街一帶。左中部可見紅磡黃埔船塢的吊臂。

2　1953年6月2日英女皇加冕會景巡遊。獅龍表演正經過德輔道中與畢打街交界、告羅士打行樓下的中國航空公司門前。

◀ 約 1973 年的啟德機場。

▲ 獅子山下的國泰航機，1998 年。

第
二
十
九
章

教育事業

1880 年，東華醫院之總理籌設義塾（免費學校），於文武廟旁與樓梯街交界的書院開辦。

同年，該院設部門教習中醫，擬收門徒十人。

當時，香港之最高學府是落成於 1862 年，位於歌賦街、城隍街與荷李活道之間的中央書院。此外尚有政府義塾（官立學校）29 間，設於港九各處。

1884 年，當局在荷李活道、鴨巴甸街與士丹頓街間興建中央書院新校舍，於 1889 年落成，曾改名為"維多利亞書院"，1894 年再改名為"皇仁書院"，內設師範學堂。

其他著名的書塾、書館，有由教會創辦、位於下亞厘畢道的聖保羅書院；位於羅便臣道的聖若瑟書院；位於般咸道的拔萃書院；位於荷李活道的庇理羅士女書院，以及位於西營盤的飛利女書室等。著名的育才書社於 1893 年在西營盤新街創辦，而長洲的官立學校於 1906 年成立。

▲ 由跑馬地黃泥涌村（前方，現賽馬會會所一帶）望跑馬場及左中部摩理臣山上的馬禮遜教育學院，約 1885 年。該學院於 1843 年落成。山腳為當中有一"六孔橋"的必列者街（Bridge Street，所在現為禮頓道）。右方渣甸山（利園山）山腳可見現為銅鑼灣軒尼詩道"打小人"勝地（又名"鵝頸橋"）的寶靈橋。

▼ 位於樓梯街文武廟旁、由東華
　醫院學校於 1880 年變身成的文
　武廟義學，約 1910 年。

17

1900 年前後，有多間私人學塾於中西區開設，當中有樂群書塾、文明書塾、蒙學書塾、養新蒙塾、英文夜學的幼學書室，以及專收女生的王氏女塾及約智女學校等。

1908 年，皇仁書院、聖若瑟書院、庇理羅士女書院、聖士提反書院、拔萃書院、倫敦傳教會英華女校，以及意大利嬰堂附設之女學堂，皆有專門教授中國人之子弟前赴英美就學（留學）之課程。上述學校亦不時發佈考獲入讀"柯士佛學堂"（Oxford，牛津大學）之學生人數。

1908 年，有一間"香港遊藝大學堂"在港開辦。

▲ 皇仁書院的"啟館"（開學）通告，1895 年。

▼ 由荷李活道與善慶街交界望向皇仁書院，約 1908 年。

▶ 香港大學於 1912 年開學時，設於
　大學內臨時郵局蓋銷郵票的郵戳。

▼ 1961 年香港大學金禧的紀念郵封
　及大學臨時郵局郵戳。

1907 年，港督盧吉於介紹籌建中的香港大學時，提及成立於
1887 年的香港醫學堂，至當時共有 36 人畢業，將來香港大學成立
後，會將醫學堂附入大學之內，而所有醫學堂學生會被視為大學醫
科學生。盧吉並謂，香港大學之學位為英國所認可，在港有船塢及
發電廠可供實驗。尤其是內地學生入港大就學，既得學問，又可兼
習英語，更可呼吸西洋風氣。

1908 年起，捐建香港大學的熱心人士，包括摩地（Sir
Hormusjee Naorojee Mody）捐 18 萬（後來增至 30 萬）；廣東省
主席張人駿捐 20 萬；李陞兩名兒子捐 15 萬；伍廷芳捐 1 萬等。

1910 年，香港醫學堂加入 "熱帶病地方水土之科學" 課程，教
員有包括佐敦（G. P. Jordan）、何高俊等多位醫生。

同時，於中環、上環包括堅道、般咸道、奧卑利街、荷李活
道、結志街、嘉咸街、威靈頓街、德輔道中、皇后大道西，以及文
咸西街開設的私塾，有羅星樓英文館、植群書塾、冠元書塾、育英
書塾、卓群學校、馮卓英女史（女士）英文夜館、湘父學塾、何吉
甫書塾、余仁甫館、德藝學塾、陸麟甫漢文學塾及鑄群學校等。湘
父學塾的校長盧湘父，為著名中醫師，戰後曾在誠濟堂藥行應診。

此外，亦有一間以研究機器為主的中國科研書塾。

其他較有名的私塾，還有伊耕學塾、大光學校、懿德公學、萃
英書室、子褒學校、牖智英文學校、陶英學塾、港僑學校，以及陳
氏家塾兼中醫夜學。陳氏家塾的塾長陳慶保及兒子陳謙，皆馳譽教
育界。

另外，還有位於德己立街的青年孔教社中西學堂、位於黃泥涌
村內的蒙養學堂，以及位於油麻地的鑰智學校。

▲ 約 1910 年的文武廟。右中部為義學，
義學右邊為樓梯與必列者士街交界的安
懷女學校。青年會新大樓於 1918 年在
其前面落成。

1910 年前後的知名學校則有：九龍拔萃女書院、印人育才書社、孔聖會教堂、青年會日夜學校，及成立於 1915 年的聖保羅男女書院等。

1909 年在結志街 11 號創設之安懷女學校，於 1910 年遷往必列者士街美華自理會內。

同時，一羣熱心人士在育才書社內設一半夜學堂；亦有一間在皇仁書院上課之遊藝夜學堂，兩者皆方便日間工作者就讀。

1910 年 3 月 16 日，香港大學由港督盧吉行奠基禮。港督於下輟步入場地時因無入場券為英差所阻，等到有認出港督之警員抵達才予放行。香港大學後於 1911 年創立。

1919 年，東華醫院屬下之義學，有由文武廟所設的 12 間、油麻地天后廟所設的 1 間，同年並增設 5 間。南洋煙草公司亦設有數間義學。華商曾富亦曾成立一間 "九龍貧民免費學校"。

1919 年，歌賦街 32 號之陶英學塾校長伍榮樞，主唆學生九人手持上書有 "國貨" 大字之雨傘結隊聯行，有若 "出會" 而被控告。最後伍氏及學生被判罰款及警誡。法官謂："既在英國旗下受英國保護，豈容不守法律而輕舉妄動。"

▲ 位於中環奧卑利街 5 號三樓的齊一女校開辦及招生通告，1916 年。

▲ 位於銅鑼灣禮頓道與怡和街交界,電車迴
　旋處的法國聖保祿修院育嬰院、女學院
　和醫院,約 1918 年。

1920 年 1 月 16 日，香港大學舉行畢業禮，出席者有港督司徒拔（Sir Reginald Edward Stubbs）、布政司施勳（Sir Claud Severn）、副監督佐敦醫生、按察司、三軍司令、香港主教、華民政務司、律政司、教育司，以及社會名流何東（Robert Hotung）、何福（Ho Fook）、嘉道理（Sir Elly Kadoorie）及何甘棠等多人。

當時著名的學校，還有位於灣仔道的聖方濟各書院、位於尖沙咀漆咸道的聖馬利書院、位於般咸道的聖士提反學堂，及位於銅鑼灣的聖保祿嬰堂書院。

1925 年，位於中西區的私立學校，有椒馨漢文學校、持雲學塾、玉衡學校、何熾雲學校、葉名孫學塾、葆賢國語學校、英文商業專門學校、養中女學校；以及幾間較著名的學校，包括位於四方街的仿林學校、位於荷李活道的中華學校、位於高街的梅芳女校、位於黃泥涌的崇蘭女校，還有位於油麻地砵蘭街 70 號、於 1923 年開辦、由徐仁壽任校長的華人書院。

1933 年，培正中學香港分校創立。

1936 年 7 月，中學會考成績公佈，成績最好的男校依次為英皇、華仁、皇仁、喇沙、聖若瑟、拔萃；女校則為：意大利嬰堂、拔萃、法國嬰堂、庇理羅士。

▲ 位於九龍城區的龍津義學，約 1935 年。

◀ 由荷李活道下望石板街（砵典乍街），約 1935 年。右方可見西園學校及展
　望書院。和平後亦有若干間學校在這一帶創設。正中可見 "上苑茶麵飯店"
　的布招，該址原為 "天然居粥店"。 1945 年改為鏞記酒家。

1930 年代中後期，知名學校計有港島的徽遠女子中學、西南中學、嶺英中學、光華中學；九龍的香江中學、麗澤中學、德明中學、協恩中學；還有由廣州遷港的真光中學、金陵中學、培道女子中學、廣州公民學校、廣東光漢中學及嶺南大學附設的華僑學校等多間。到了 1939 年，在港的內地及澳門學校有三十多間。

　　理工大學的前身灣仔官立高級工業學校，於 1937 年開辦，1950 年改名為香港工業專門學校。

　　1939 年，漁民協進會在長洲、鴨脷洲及筲箕灣興建漁民學校，以充實漁民及其子弟的知識。同年，派報業公司亦於彌敦道及荔枝角設立兩所義學。

　　1940 年，影星鄺山笑在中環、西環、灣仔及九龍設立四間義學，共有二百多個學額。同年，包括果菜行、信修、陶英及知用等 12 間港九學校，在校內開辦義學，供平民子弟就讀。

　　淪陷時期的 1942 年 5 月，日軍當局准許包括光華、華仁、聖保祿女中、信修、港僑、鑪智、德明、麗澤、聖類斯工藝院及聖保羅男女校等 20 間學校復課，但最後只准許 12 間復課。同年 8 月至 9 月，再有包括紅磡公立、聖瑪利、聖嬰、九龍塘學校、鳳溪、淑志、印童小學、明園、國民、義興、民生及義華等多間學校獲准復課。當時學校是採用商務印書館、中華書局及世界書局的教科書。

　　香港大學因校舍遭受嚴重破壞而停課。其他如皇仁書院及英皇書院亦因木材及地板等被盜拆而遭嚴重破壞。和平後，當局曾打算清拆，最後港大及英皇書院得以保留。

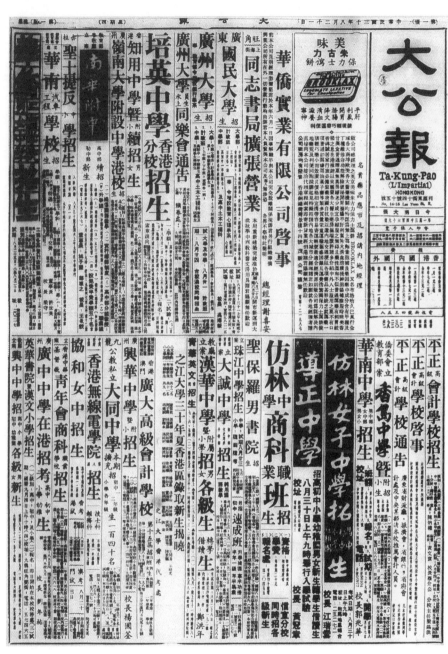

▲ 1941 年 8 月，多間學校於香港《大公報》刊登招生通告，當中包括若干間廣州的大學和中學，部分是在香港分校上課者。

半山柏道的聖士提反女校，被改為"最高學府"的東亞學院，於 1943 年 5 月 1 日開課，專門培訓各機關、銀行及公司的事務員。

到 1943 年 7 月 15 日，港九中學只有包括光華、港僑、知行、鑰智及德明等 15 間；而小學則有鴻翔、聖瑪利、培貞等 6 間。

1944 年 7 月，包括聖保羅、淑志、紅磡小學等多間學校停辦或計劃停辦，但尚未實施日軍已投降。

日治後期的 1945 年 6 月，港九只有 580 名中學生及 4,200 名小學生。

和平後的 1946 年 10 月 21 日，香港大學復課，先恢復文、理各科。皇仁書院已成廢墟，需要在臨時校舍上課。當局於 1950 年在銅鑼灣興建一座新校舍。

同於 1950 年，大部分公立學校、教會學校及慈善機構屬下的學校皆復課。此外，當時共有百多間私立學校，約二十間英文學校及四十多間職業學校；亦有六十多間英文夜校及專科夜校供在職人士進修。

當時知名的學校，有同濟、仿林、中華、南華、培僑、培英、港僑、敦梅、嶺英、漢華、德明及民生等中學和書院。

不過，大部分的私立學校仍於舊式木結構唐樓內開設，很多學校由 1950 年代後期起因舊樓拆卸而告消失。

為迎合當時需求，1960 年代起有多間教授裝整無線電器材、收音機及電視機等的學校設立。同時亦有多間商業專科、會計、信札、打字以及外國語言的學校，於新落成的商業樓宇內開設。

1950 年代，政府以及包括東華三院等慈善機構，紛紛在各區興建免費小學，但遠不能滿足需求，情況要到 1960 年代中期起才逐漸改善。

　　1949 年，廣州嶺南大學在港招生，廣州珠海大學於香港開設的珠海書院亦同時招生。

　　1950 年，位於深水埗桂林街的新亞書院招生，院長為錢穆。

　　1951 年，位於堅道 147 號的崇基學院成立。1955 年舉行第一屆畢業禮。1956 年遷往馬料水。

　　同於 1956 年，由華僑、港僑、平正、廣大、文化及光夏六間院校組成的聯合書院成立，分別在堅道崇基學院原址及新亞書院上課。1963 年，崇基、新亞及聯合三間院校，組成香港中文大學，校長為李卓敏。1964 年舉行首屆畢業典禮。

▲ 位於界限街與窩打老道交界的瑪利諾修院學校，約 1947 年。寧靜的馬路上只見巴士和的士各一輛。

1956 年，位於窩打老道的浸會學院成立。

1965 年 9 月，教育學院成立。2016 年正名為香港教育大學。

1967 年，嶺南書院在港創辦，1978 年成為專上學院，1999 年正名為香港嶺南大學。

1970 年 4 月 9 日，政府同意將香港工業專門學校變為香港理工學院。

1971 年，政府宣佈實施免費小學教育。

1972 年，香港大學首位華人校長黃麗松抵港履任。

1974 年，中英文中學會考合併。

1976 年，舉行最後一屆升中試，近十萬名小學生中有四分之三獲派學位。

1978 年，當局擴大強迫入學法，由 1980 年 9 月 1 日起，15 歲以下兒童均須入學。

自 1970 年代起，有多間補習學校，以及由中學舉辦的補習夜校開辦，以幫助學生應付日益繁重的課程。

1984 年，設於旺角的城市理工學院成立。

1986 年，政府籌設一間香港科技大學，1987 年決定選址清水灣大埔仔，後於 1991 年成立，為香港第三間大學。

1994 年，城市理工學院、香港理工學院及浸會學院，一同升格為大學。

1　由虎豹別墅望銅鑼灣，1958 年。維多利亞公園剛在新填地
　　闢成。左方為胡文虎塑像，右方為真光中學。

2　位於銅鑼灣怡和街香港百貨公司（現為崇光百貨所在）樓上
　　的一間美蘭裁剪女學校，約 1965 年。

1 1985 年的旺角彌敦道。其左方為
   弼街，仍見一間於 1950 至 1970
   年代十分盛行的打字學院。學生多
   為職業上有需要的 "白領" 階級。
   （圖片由陳創楚先生提供）

2 位於羅便臣道 8 號的聖貞德學校，
   1986 年。所在現為屋苑樂信台。
   （圖片由陳創楚先生提供）

3 位於駱克道（左）與杜老誌道（右）
   交界的韻文粵劇學苑，1986 年。
   （圖片由陳創楚先生提供）

第二十章

文化事業

　　1874 年，已有基理華士書坊（Kelly & Walsh）於畢打街香港大酒店營業，其中文名後來依次為"別發書莊"及"必發書莊"。

　　同年，有一間位於荷李活道 29 號、由《華字日報》主筆陳靄亭為總司理的中華印務總局，附設一文裕堂，承印及發售各種活字版書籍、字典、幼童初學各種中英文書籍，以及代銷上海申報館的各種新書。此外，亦有一間聚文閣英華書籍店，位於"百步梯"（歌賦街）上街，即城隍街 3 號皇家（中央）書院橫門，出售華英字典及地圖。

　　同時，有一間設於荷李活道的梳沙印字館。

　　1885 年，《循環日報》出售供印書用的大小錫字粒。同年亦有一間南生隆洋貨號，出售美國活士打英文字典。

約 1895 年，《華字日報》屬下位於威靈頓街 50 號的聚珍書樓，發售各種歷史書、泰西名著及教科書。

1901 年，城隍街聚文閣發售蒙學新書、繪圖三字經、初學英語新書（註以華音，如 "One Thousand" 為 "溫斗順"、"Book" 為 "卜" 等）二種。

其他書店還有同位於中區的錦福書坊、鴻發公司、萬卷樓及理文軒等，當時被稱為 "書坊舖"。

著名文具店集大莊，於 1901 年成立，1931 年遷往皇后大道中 254 號。該店長期以來以文房四寶、宣紙及毛筆馳名。另一間文裕堂除承印及銷售中英文書籍外，亦兼售文房四寶和印色。

1901 年，數名書畫家刊登廣告，訂出潤格（墨金）數目，委託《華字日報》及安和泰日本莊代收訂金。亦有位於結志街及卑利街之學館主人，代寫各類書法，並訂明 "先潤後墨，親屬八折"。

1907 年，著名的香港印字館於雲咸街 3 號開設，所在後來為英文南華早報社。

同年，有位於文咸東街 9 號的大阪森川五彩石印局，以及 "月份牌大王" 關蕙農開設的亞洲石印局。後者於 1930 年代遷往北角英皇道 390 號。

1908 年，有一間位於中環由士泵白氏（Sternberg）開設的風景明信片店，與加任亞厘公司（Kayamallys and Tyebs & Co.）齊名。士泵白於 1913 年遷往華人行所在的舊郵局。

▼ 位於皇后大道中 18 號的廣泰來。該店售賣省港澳風景畫刊、明信片及舊郵票。

新欵哺士咭畫紙發行

廣　泰　來
KWONG TAI LOY
CIGARS CIGARETTES, TOBACCOS,
RATTAN FURNITURES, BAMBOO BLINDS,
CHEAP SALE
USED POSTAGE STAMPS
AND
PICTORIAL POST CORD
HONGKONG, CANTON, MACAO VIEW BOOKS,
No. 18, Queen's Road, Central,
HONGKONG.
在舖香港中環大馬路門牌十八號

再出高價收買舊士担
正呂宋煙吧哂煙發客

1913 年 2 月，位於德輔道中 77 號的東方印務公司，批發及出售上海商務印書館的各種書籍和教科書。同年 10 月 25 日，上海商務印書館香港支店，在荷李活道 82 號庇理羅士女書院對面試業。1924 遷往皇后大道中 37 號，稍後再遷往同街 35 號，一直在該址經營至約 1990 年。

1918 年，經營藥業及批發報章的梁國英報局出版火燒馬棚慘案詳情。

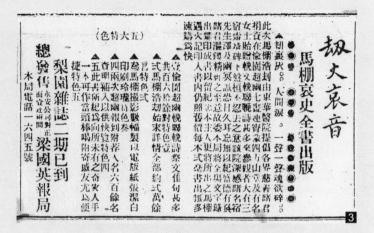

1 及 2　香江牖民書社活印（活版印刷）的《應世雜文》（當時為高等小學教本）封面及內頁，1913 年。

3　位於德輔道中永安公司對面的梁國英報局及藥局所出版的《馬棚大火哀史》，及《梨園雜誌》的廣告，1918 年。

4　上海商務印書館於 1913 年初版之教科書《新國民》。當時香港學校亦選用。

1919 年，一間 "中國印字泥公司"，宣稱其自製印書泥（一種複印材料）筆跡玲瓏，用久不變，獲渣甸等大洋行推介。

1927 年，位於皇后大道中 69 號（現為萬宜大廈所在）的中華書局香港分店開幕。1941 年，該局遷往商務印書館對面，即同街 50 號的陸佑行。

同於 1927 年，商務印書館出售由滬商陳公哲編製，以英文字母組合，代替數目字的電報符號書。1938 年，陳氏傑作《香港指南》出版，現為研究 1930 年代香港社會及歷史的重要參考書。

1930 年代，有不少書坊舖（書局），包括益智、全新、共和，以及一家中華書莊等在荷李活道開設。而著名的世界書局則位於皇后大道中 33 號 A，商務印書館的東鄰。兩者以東的華人行樓下則有一群玉山房，出售古今書籍、文房用品、銅器、龍井名茶及雷允上六神丸。

同時，有一間專售墨水筆與毛筆的何大珍，於皇后大道中 246 號開業，即集大莊的東端，一直經營至 1970 年代。

另一間著名的筆墨文具莊，為位於荷李活道 58 號、公利竹蔗水店東鄰的友生昌。友生昌旁的卑利街，有多個代寫招牌大字及書信的檔口。

1938 年，位於雪廠街的王少陵畫室，舉辦本港及上海南來文藝界人士第一屆茶話會。

1939 年，亞洲石印局東主關蕙農開辦畫展，以籌辦關蕙農義學。關氏將筆潤作為經費，港督羅富國（Sir Geoffry Alexander Stafford Northcote）曾往參觀。

在街頭 "公仔書"（連環圖）檔看得入神的兒童， ▶
約 1958 年。他們多為穿木屐或赤腳者。

1940 年，內地漫畫協會在堅道設立畫室，由葉淺予、張光宇、張正宇及郁風主持，曾在香港大酒店、中央戲院及中華中學舉行漫畫展覽。一年後，漫畫協會香港分會成立。

同時，當局將亞畢諾道中央裁判署側舊監獄內之印刷工場，撥予羅郎也（Noronha）印務公司使用。該公司曾承印香港於 1891 年發行的第一枚紀念郵票，以慶祝香港開埠 50 週年。

1941 年，位於軒尼詩道 387 號的趙少昂畫苑美術科招生。同年，鮑少游、葉淺予分別舉行畫展。

日治時代，商務印書館的廠房被易名為 "豐國印刷工場"。

和平後，港島的書店有皇后大道中的商務、中華及三聯；荷李活道的華新、藝美、百科、四海、民生、五桂堂、世界及中國；灣仔的好景、泰昌、東方。九龍則有上海街的興記、華新；彌敦道的辰衝、開明及學生書店等。當時亦有一間文化界人士熟知、位於鴨巴甸街 28 號的三益古今書店，專營舊書買賣。其上端與荷李活道交界，亦有一間黃沛記及其對面名為 "大光燈" 的舊書攤檔。

▲ 位於油麻地上海街近南京街的興記書莊
及興亞書局，約 1958 年。

當時的大規模印刷廠為商務、中華及星島報業等。不少教科書均由商務、中華及上海書局印製。

1947 年，閣麟街 21 號的莫民心醫館，提供 "印字泥" 及 "印字膠印" 服務，可複印文件數十張，不少報界人士前往光顧。

1950 年，舉辦書畫展覽的有王植波、張祥凝、高劍父、鮑少游、胡劍庵、容漱石、張韶石、陳公哲、劉大步、高奇峰、趙少昂、靳微天、靳思微、凌巨川、曾后希、佘雪曼及周士心等多位文化界人士。舉辦地點包括思豪酒店、華商總會禮堂、灣仔修頓球場福利大廈及馮平山圖書館等。

由戰前至 1960 年代，作為書畫裝裱的裱畫公司，有設於摩羅下街的九華堂、樓梯街江蘇酒家旁的榮寶齋，及皇后大道中的醉墨軒等。

1951 年，"香港新聞界小說作家第一屆書畫聯合展覽" 在華商總會禮堂舉行，參加者有呂大呂、王香琴、吳灞陵、賈訥夫、鄭家鎮、羅灃銘及靈簫生等。羅灃銘曾於二、三十年代編印有關塘西風月的報刊《華聲》。1962 年出版一套由他編著的《塘西花月痕》。

1950 年代，大量印務公司遍佈港九各處，最集中是歌賦街、荷李活道、士丹頓街；灣仔的謝斐道及深水埗的多條街道。當中有興盛、安華、石華堂、強華、德利、有利、五經堂及協成等。還有外資的樂古印務、香港印務及香港印字館等。

不少電版和鑄字公司位於中環結志街與卑利街，當中有建國、瑞記、光華、明星、雲星、天星、民智、文化、樹華及聯華等多間。

迄至 1960 年代，印刷業十分蓬勃，集中於歌賦街、荷李活道、士丹頓街及永樂街一帶的印務公司和報館，直到凌晨仍在運作。附近一帶的食肆，包括九記牛腩麵檔及九如坊的大牌檔，亦營業至二至三時以配合。

自 1850 年代起，有多個雕刻圖章印章的檔位，於當時屬新填地區的文華里及港九各區開設，由於當時不盛行簽名，圖章是鑒證個人身份必需者。1950 年代中，包括半閑山館、以文、雷占元、李光、藝一、耀文、榮林等二十多檔設於文華里及港九各區，文華里亦有"圖章街"之別名。上述不少圖章檔現時仍在營業。

▲ 即將清拆重建的灣仔喜帖街（利東街），2005 年。

第二十一章

通訊與廣播

電報與電話

1871 年，香港與安南（印支半島）及東南亞之間的海底電纜鋪設完成，電報服務開始。1883 年，香港與菲律賓之間的電報開辦。

1884 年 7 月，有 "香港天文師"（天文台）所報之風訊。

1884 年，廣州電報局定出廣州至九龍之電報收費。1885 年，又名 "電線行" 的東部洲電報公司（Australasia and China Telegraph Co. Ltd., Eastern Extension）以及大北電報公司，推行電報大減價。兩者辦事處皆設於皇后大道中 17 號。當時亦有一間路透電報公司（Reuter's Telegram Co. Ltd.）。

▶ 警隊會操途經遮打道與畢打街交
界，1949 年。右上方為於仁行樓
下的大東電報局，左方為郵政總
局。

　　1895 年，中國電報局港分局設於皇后大道中 13 號。

　　1906 年，大東電線公司經辦香港至福州 "水線"（海底電纜）
之電報。該公司於 1909 年改名為 "大東電報公司"。二戰前後，公
司名稱曾為 "有線及無線公司"，後來再改名為 "大東電報局"。

　　二十世紀初，總部設於上海的中國電報局港分局，於 1912 年
易名為 "香港中華電報局"。

　　1927 年，有一馬可尼無線電公司位於干諾道中 15 號。

1881 年 6 月 15 日電話開通，由位於皇后大道中 2 號與雪廠街交界的 "中國及日本電氣德律風有限公司" 經辦。

1883 年，倫敦 "忌羅士理公司" 在報章介紹德律風器具（Telephone，電話）時指出，"良朋益友，雖隔數里亦可談心，如同促膝，已在香港及中國各口岸裝設"。

1895 年，電話被稱為 "時式電器傳聲器機"。德律風公司在報章刊登廣告，以 "商賈利路" 為題，招人裝設電話，年費為 80 元，1904 年調整至 100 元。

當時，各大機構的電話號碼為：

電話號碼	機構或人士
2 號	康德黎醫生
3 號	山頂醫院
8 號	瑞記洋行（Arnhold Karberg & Co.）
9 號	滙豐銀行
15 號	巡捕廳（中央警署）
16 號	屈臣氏及香港大藥房
17 號	德忌利士船公司
18 號	太古洋行
20 號	黃埔船塢
21 號	庇利船廠
26 號	雅麗氏醫院
31 號	啫行（仁記洋行）
32 號	香港大酒店

1905年，油麻地區只有一部號碼為"10"的電話，旺角則仍未裝設。

到1915年，港九電話用戶只有1,700。九龍區廣華醫院的號碼為K41，東方煙廠的號碼為K99。

1925年2月，以遮打、羅旭龢及周壽臣為發起人及董事的"香港電話有限公司"，全盤接辦"中國及日本電汽德律風有限公司"在港之全部業務，以及皇后大道中2號和尖沙咀金馬倫道1號之物業。

電話公司設於德輔道中14號交易行內之自動電話接駁機，於1930年5月通話，並在樓下之連卡佛餐館示範用法。同時，從未有電話的香港仔亦開始通話。迄至1941年，香港共有電話約一萬具，後遭戰事破壞只餘五千多具。

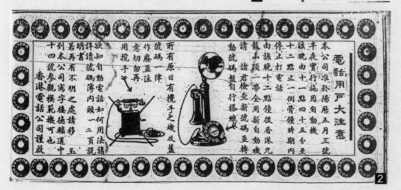

1 德律風公司開展九龍電話服務的廣告，1905年。

2 香港電話公司1930年的廣告。廣告宣佈採用自動駁線系統以取代以往人手接駁，並開始使用新式撥號電話機，以取代原來攬手撥號者。

3 "中國及日本德律風及電汽有限公司"推廣德律風（Telephone，電話）的廣告，1902年。

淪陷初期的 1942 年，電話用戶再由原來的五千多減至三千多，當時經營的機構為"香港電話局"。1944 年，改由"國際電氣通信株式會社香港出張所"辦理。當時亦有出版電話簿。

當時，在郵政總局及尖沙咀九龍郵局設有公眾電話。

1945 年 7 月，電話年費增至軍票一萬二千円（圓），但仍供不應求，因部分金銀、珠寶及投機營業十分蓬勃。不少相連店舖在間隔牆中開一小洞，暗中搭用，此現象一直維持至 1950 年代。

和平後迄至 1947 年初，電話業務由政府的"電話管理處"經辦。之後才由電話公司復辦。

同年，電話公司發出新編的電話簿，用戶須攜舊簿（可能是於戰前或日治時期編印）前往換領。

1948 年，作為內線分機的"兩用傳聲機"開始應用。同時電話荒十分嚴重，每具電話的"黑市"（經賄賂）申請價格有高至 6,000 元者。

1949 年，"交易行"易名為電話大廈，稍後再易名為連卡佛大廈。

同年 11 月 10 日，港九接往荃灣之電話正式開放，字頭為"90"或"91"，首 3 分鐘收費 3 毫。稍後延至沙田、大埔、元朗，至 1952 年連至長洲。

1950 年，港九共有電話約 28,000 具。

1950 年 10 月 1 日起，實行撥打 999 電話號碼召警的措施，接駁往警署報火警的街頭火警鐘逐漸取消。

1953 年，各路口的公用電話每次收費 5 毫，在當時來說十分昂貴。同年出版的新電話簿一改以往的習慣，長生店、壽衣店及殯儀館等治喪業的廣告仍刊於封面，但不放在正中位置。

▲ 遠東交易所交易大堂，約 1978
　年。出市代表正使用電話聯絡及
　進行交易。

1958 年起，電話號碼開始由五個字改為六個字。 1959 年底共有電話 95,614 具。當時申請電話已變得容易，"黑市" 逐漸消失。

1960 年代末，電話數量大增。自 1970 年起，由港島打電話往九龍要先撥 "地區字頭" 的 "3" 號碼，九龍打往港島則要先撥 "5" 號碼。港島之內或九龍之內則不用撥地區字頭，仍維持六位數字。

到 1989 年 12 月 31 日開始，將地區字頭併入電話號碼，全變成七位數字。數年後再併入 "2" 號碼，變為八位數字。

戰前的 1930 年代，香港的電報服務分別由中國電報局、大東電報公司（大東電報局，Cable and Wireless Ltd.）及大北電報公司辦理。

淪陷時期，電報通訊只限與日本部分佔領地之間，但因電力不足時斷時續。到 1943 年，交由 "國際電氣通信株式會社" 辦理。

和平後，電報業務由大東電報局辦理，業務跟隨香港的商業繁盛而不斷增長。

1950 年，大東電報局遷往干諾道中香港會所東鄰的水星大廈辦公，該大廈的七、八樓為香港電台。

1960 年代起，不少商業機構裝設有名為 Telex 的 "專用電報" 收發機，較諸往電報局 "打電報" 及等候電報局 "電報員" 騎單車來派電報，方便了不少。

Fax（圖文傳真）於 1980 年代開始流行。 1987 年，香港電話公司與大東電報局提供一種 "Faxline" 傳真服務。

1988 年，香港大東電報局與電話公司合併，組成香港電訊公司。二十一世紀初，再轉變為 "電訊盈科"。

廣播

1929 年，政府計劃興建一個大型廣播室，以廣播中西音樂及演說等節目，裝設有收音機者可接收到，於同年實現。

當年 8 月 31 日，當局在報章刊登無線電廣播秩序。廣播頻道為 ZEW（後來改為 ZEK）波長為 350 米。此為香港廣播電台肇始。

1930 年初，開始廣播新聞、外匯和股票行情。1931 年起直至淪陷前，包括《循環日報》、《華字日報》、《華僑日報》、《工商日報》、《南中報》、《中和日報》等十多間報館，將報章送往電台作新聞轉播。

早期的香港廣播電台，曾位於畢打街郵政總局樓上，稍後遷往斜對面的告羅士打行。

日治時代，告羅士打行易名為 "松原大廈"，香港廣播電台則易名為 "香港放送局"。每日由中午起播放音樂和粵曲，稍後則為日式節目及日軍宣傳，但不時因停電而停播。

當局亦嚴密管理收音機，以防市民接收短波及其他外國頻道的廣播。

停電期間，日軍當局在松原大廈設置一播音筒廣播新聞及報時，日本投降的消息亦在該播音筒播放。

和平後的 1950 年代，香港電台有不少受歡迎的節目，包括廣播劇《女飛賊黃鶯》、《霍桑探案》、《福爾摩斯探案》、《七俠五義》、《小五義》等。當時的播音員有鍾偉明、何楚雲、張雪麗、周朝鏗、周朝傑及鄭鏡彬等多位。

此外，還有由陳步緯主持的《國學講座》、劉就瞽演唱的南音，以及稍後由陳浩才主持的《古典音樂介紹》等。

民間經營的有線廣播電台"麗的呼聲"，於 1949 年 3 月 22 日啟播，分有"銀色"（中文）台，及"金色"（英文）台。金色台亦用部分中國方言如國語、潮語等廣播，並於香港證券交易所開市時段直播成交。1954 及 1955 年，線路伸延至粉嶺、上水及元朗一帶。該台台址位於灣仔大佛口即軒尼詩道與軍器廠街交界（現熙信大廈所在）。

市民只需每月 10 元的費用，便可接收到多個精彩節目，又免除購置昂貴收音機，及在天台安裝接收天線之煩，因而大受歡迎。

1957 年 5 月 29 日，麗的呼聲之有線電視台"麗的映聲"啟播，為所有英殖民地之首。不過，由於租機費昂貴，普羅市民只能在由士多店或涼茶舖改裝成的"影院"欣賞，此等現象一直維持至約 1970 年。

1958 年，該台出售大佛口台址地段，購入告士打道六國飯店東鄰金城戲院的地段以興建麗的呼聲大廈（現富通大廈所在），於 1959 年落成。

1959 年 8 月 26 日，位於荔枝角道的"香港商業廣播電台"啟播。當時，"原子粒"（半導體）收音機開始普及。該台製作多個創新節目，又邀得多位包括李我及馮展萍等紅播音員加盟，旋即為聽眾受落。

1967 年，由電視廣播有限公司經辦的無綫電視台啟播，港人娛樂以至生活習慣開始有一巨大改變。當局亦在多座公園及遊樂場所安裝電視機，供市民觀看節目。

1973 年，麗的呼聲有線廣播台停播。同年，麗的電視及香港商業廣播電台各獲得一個新無線電視台 15 年的經營權。麗的改為無線廣播，商業電台則經營"佳藝電視"。三間電視台曾作激烈競爭，製作多部令人印象深刻的劇集及節目。

1978 年 8 月 22 日，佳藝電視台停業。

1981 年，澳洲財團收購麗的電視台 60% 股權。1982 年 6 月底，邱德根以 1 億港元購入麗的電視 50% 股權，並易名為"亞洲電視"，俟後曾多次易手，至 2016 年 4 月停播。

另一電台新城電台於 1991 年 7 月啟播。

收費電視台有線電視，則於 1993 年 10 月 31 日啟播。

▼ 介乎軒尼詩道與軍器廠街交界的有線廣播電台麗的呼聲，於 1949 年剛啟播時攝。右方海員海軍之家現為衛蘭軒酒店。

第二十二章

報業

1841 年 5 月 1 日，《香港政府憲報》(*Hong Kong Gazette*) 第一號出版。由 1850 年代起，憲報有名為《香港轅門報》的中文版。

1842 年 3 月 17 日，民間的《中國之友報》(*The Friend of China*) 出版。一年後，另一份《東方地球報》出版。

1845 年 2 月 20 日，《德臣西報》(《中國郵報》(*China Mail*)) 創刊。

早期香港的報章全為英文，華文報章只有來自馬六甲的《察世俗每月統紀傳》(*Chinese Monthly Magazine*) 及《天下新聞》；以及來自廣州的《東西洋考每月統紀傳》(*Eastern Western Monthly Magazine*) 及《廣報》等。

▲ 約 1930 年的威靈頓街。右方為位
　於與雲咸街交界的《德臣西報》,
　其左鄰可見《華字日報》的招牌。

　　1853 年,由華英書院印送之第一份香港華文報章《遐邇貫珍》
出版。

　　1857 年,位於雲咸街的《孖剌報》(*Daily Press*)出版。一年
後,其中文版《中外新報》出版,是香港第一份華文日報。《孖剌報》
也出版年刊 *Hong Kong Directory*。

　　1871 年,由《德臣西報》譯員陳賢(靄亭)創辦的《華字日報》
出版(早期有說法為 1864 年)。伍廷芳及何啟為陳氏親戚。陳氏後
來任職於中國駐古巴總領事館。

《華字日報》社址位於賣花街（雲咸街）8 號，後來遷往大鐘樓上街（威靈頓街）5 號《德臣西報》（位於雲咸街 5 號）西鄰。

1874 年初，由中華印務總局倡設、位於歌賦街 39 號、由王韜任主筆的《循環日報》創刊。王氏於 1885 年離港，職務由黃紫畦代執行。

1881 年 6 月 15 日，位於雲咸街 6 號的《士蔑西報》（*Hong Kong Telegraph*）創刊，該報也出版年刊 *Hong List*。到 1903 年，另一份英文報章《南清早報》（*South China Morning Post*）創刊。辛亥革命後，中文名轉為《南華早報》。早期該報社址位於干諾道中近德忌利士街，後來遷往雲咸街 1 至 3 號現南華大廈所在。該報也出版早期名為"禮拜報"的《星期先導報》（*The Hong Kong Sunday Herald*）。

1903 年，中文報章多採用下列報章及通訊社的電音（電訊），包括勞打（路透社）電音、德臣（西報）電音、南清（早報）電音及南清早報上海特電等。

▼ 約 1908 年的干諾道中。右方是德忌利士船公司和德忌利士街，左方為《南清（華）早報》的社址。

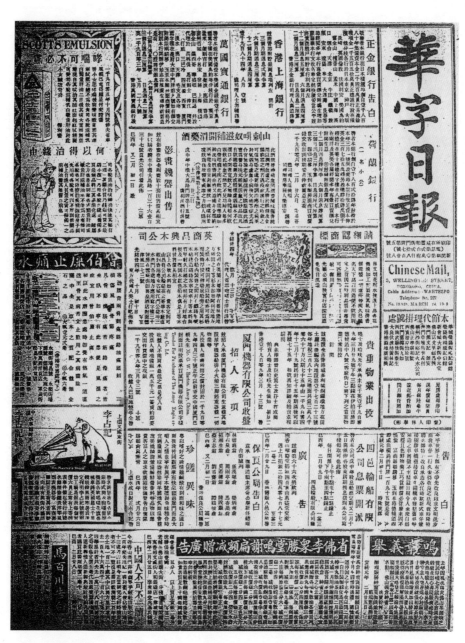

▲ 1909 年《華字日報》頭版。可見上海（滙豐）、萬國寶通（花旗）銀行，和保良公局（保良局）的告白。

▲ 《中華日報》出版之廣告，1913 年。該報
社址位於永樂街 45 號。

　　二十世紀初，有多份中文報章出版，包括《香
港實報》、《香山日報》、《香港商報》、《世界公益
報》、《益告旬報》、《維新日報》、《廣東日報》、《樂
群旬報》、《可報》及《新少年日報》等。《益告旬報》
是一份於 1908 年出版之中英合璧週報，選錄時事
加以評論，並選載各華文報的言論。

　　各報社址集中於德輔道中、歌賦街、嘉咸街、
威靈頓街及永樂街等，多份報章於出版不久便停刊。

　　其中一份為於 1900 年左右創辦的《中國日
報》，社址位於士丹利街 27 號，其樓下地舖為皇后
大道中 72 號的勝家衣車公司。1906 年，《中國日
報》由文裕公司出讓予志平公司。當時，有一間位
於《中國日報》對面、士丹利街 26 號的開新書報公
司，現為陸羽茶室所在。

　　辛亥革命成功後的報紙，有《香港新漢日報》、
《華人英字報》、《中華日報》、《香港時報》、《香港
現象日報》、《香港小報》、《小說晚報》及《致中報》
等。

　　約 1910 年，位於德輔道中永安公司對面的梁
國英報藥局，是多家報章的代理，後來遷往與禧利
街交界的文咸東街 32 號。

1919 年，《中外新報》停辦，由華商總會接辦，名稱改為《華商總會報》，但英文名譯意則為 "華商總會報中外新報聯合刊"。該報曾出版晚刊，後於 1925 年易手，改名為《華僑日報》。之前亦曾有另一份《華僑日報》於 1922 年刊行。

　　1925 年的華文報章，有老牌的《循環日報》、《華字日報》、《大光報》、《香江晨報》、《香江晚報》、《香港時報》、《工商日報》及《中國新聞報》。

　　當時的報業公會名為 "香港報界公社"。而 "新聞通訊聯合會" 則於 1924 年成立，該會轄下有以下通訊社，包括：覺悟社、時事社、學閉社、執中社、公民社、博知社、震民社、神州社、中興社、世界社、南方社、華僑社及太平洋社。其他通訊社則有中央通訊社、新亞通訊社、香港新聞社及路透社等。

　　1934 年，有一個 "香港新聞記者聯會" 位於雲咸街 5 號的《德臣西報》社內。

　　1935 年，香港電台用作新聞廣播的報紙，有《華字日報》、《中興報》、《大光報》、《循環日報》、《工商日報》、《工商晚報》、《華僑日報》、《南華報》、《南中報》、《南強報》、《超然報》、《東方報》、《平民報》、《新中報》及《大眾日報》。

　　該一兩年前後的報紙，還有《天南日報》、《天光報》、《新聞早報》、《南中晚報》、《小報》，以及三日刊的《胡椒》和花報《華星》及《溫柔鄉》等。週刊則有《北風》、《禮拜六》、《探海燈》、《體育》及《文星》。

　　1937 年的新報紙，有《香港朝報》、《珠江報》、《南中晚報》及《港報》。

　　1938 年的新報紙，有《成報》、《星島日報》、《星島晚報》、《大公報》。而《新晚報》則於 1939 年出版。

1 由何文法、李凡夫、過來人（蕭思樓）聯
　合主辦、當時為三日刊之《成報》創刊
　號，1938 年 8 月 5 日。（圖片由吳貴龍
　先生提供）

2 1945 年 8 月 31 日，中區辦事處位於"東
　昭和通"（德輔道中）5 號的《香島日報》
　報導哈葛德（夏愨）少將率領英艦隊入駐
　香港的新聞。當時報價為軍票 5 円。（圖
　片由吳貴龍先生提供）

3 1945 年 9 月 1 日復刊的《星島日報》。
　其中區辦事處在德輔道中 5 號。報價仍
　為軍票 5 円。（圖片由吳貴龍先生提供）

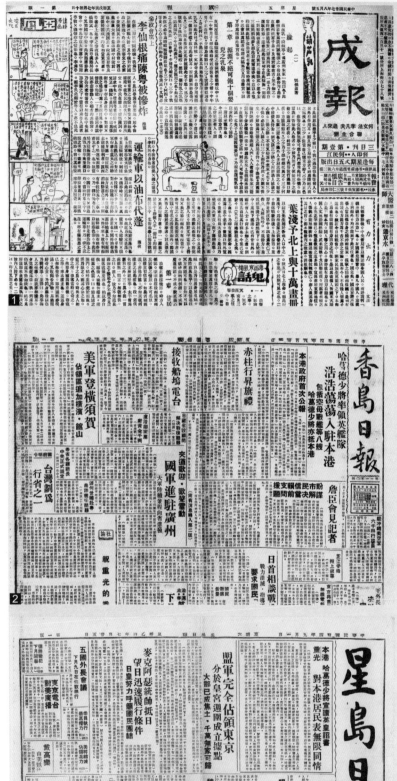

初期的《成報》是何文法、李凡夫及過來人（蕭思樓）聯合主辦者，早期為三日刊，創刊日期為 1938 年 8 月 5 日，社址位於荷李活道 36 號三樓。

淪陷初期，香港共有 11 份日、晚報出版。後來，十間日、晚報社被當局飭令於 1942 年 6 月 1 日起合併。

《華僑日報》與《大眾日報》合併，仍稱《華僑日報》。

《星島日報》與《華字日報》合併為《香島日報》。

《南華日報》與《天演日報》、《自由日報》及《新晚報》合併，仍稱《南華日報》。

《循環日報》與《大光報》合併為《東亞晚報》。

此外，還有一份由日本人經營的《香港日報》（有中、英、日文版）。

當時報章內容只為歌功頌德，日軍的負面消息絕不敢提。

報章的售價由初期的軍票 2 錢（仙），升至日軍投降前的五円（圓），升價 250 倍，可見軍票貶值速度之快。

和平後的 1946 年，《華字日報》曾短暫復刊。其他復刊的報紙還有《華商報》及《國民日報》。

1947 年的新辦報紙，有《新生日報》、《新生晚報》（負責人為陳君葆）、《民聲》、《民潮》、《聰明人評論報》、《探海燈報》、《中國日報》（負責人為吳公虎）、《春秋報》、《華星報》、《大中報》、《公言報》、《聲報》（負責人為趙斑瀾）、《果然日報》、《公報》、《正報》、《掃蕩報》及《先導日報》。

1948 年，《大公報》復刊，同年的新報紙有《文匯報》及《華聲報》。

《文匯報》社址位於荷李活道 30 號中央警署旁，每年十一國慶會燃放一串四層樓高的長炮竹，頗引人注目。

1949 年的新報紙，有《香港政府新聞報》、《香港時報》、《香港人報》、《天星報》、《真欄日報》、《伶星日報》、《聞摘晚報》、《益世報》、《先聲報》及《呼聲報》等；還有星島報業系的《英文虎報》。

1949 年的晚報，有老牌的《華僑晚報》、《星島晚報》、《工商晚報》及《紅綠晚報》，還有《中英晚報》、《大成晚報》、《大華晚報》、《掃蕩晚報》、《大方晚報》及《大晚報》等。

1950 年代的新報紙，有《香港商報》、《真報》、《先生日報》、《自然日報》、《超然報》、《紅綠日報》、《越華報》、《大華報》、《麗的呼聲日報》、《中英日報》、《香港日報》（又名"響尾蛇"）、《響尾龍》、《週末報》。當中較受注意的有 1956 年出版的《晶報》、1959 年出版的《明報》、《新報》、首份彩色報紙《銀燈日報》，以及復刊的《循環日報》。

大部分報館皆位於雲咸街、荷李活道、威靈頓街、歌賦街、永樂街、德輔道中、干諾道中、利源東街及皇后大道中。接近利源東街的一段皇后大道中，為報紙的發行集散地。每天凌晨約五時，各報館在此分發報紙予來自各區的報販。

1960 年出版的新報紙，有彩色印製的《明燈日報》和《天天日報》。

於 1960 年代出版的報紙，還有《新岷日報》、《田豐日報》、《快報》、《中報》、《盈科日報》、《天下日報》、《好報》、《黎明日報》、《星報》（中、英文版），以及中英對照的《中西日報》和《香港週報》。

午報和晚報則有《正午報》、《新午報》、《南華晚報》、《東南晚報》、《香港夜報》、《新聞夜報》、《今夜報》、《天方夜報》、《世界夜報》，以及一份於 1969 年出版、以財經為主的《明報晚報》。該報財經版作者包括林行止及曹仁超等，二人於 1973 年另起爐灶，創辦《信報》。

▲ 由皇后大道中上望荷李活道的《華僑日報》大廈，1992 年。其西鄰為東華三院的小學校舍。前端的地盤後來建成屋苑荷李活華庭。

1970 年代，另一份引人注目的報紙是《東方日報》。

1950 至 1970 年代的報紙，多有馬經與波經（足球）欄，很多以副刊尤其是武俠小說吸引讀者，最多人追看的副刊，依次為《成報》、《大公報》、《明報》及《新報》。

1974 年，老牌的《德臣西報》（當時的中文名為《中國郵報》）停刊。

大公報的〈文采〉版、星島日報的〈星座〉及〈眾星〉版當時佳作如林。《晶報》主筆陳霞子所寫的社論亦很受歡迎，陳氏曾任《先導日報》及《成報》的編輯。

1980 年代，多份有關股市和經濟消息的新報紙出版，較顯著的是創辦於 1988 年的《香港經濟日報》。

迄至 1984 年，市民關心香港前途，報紙銷量達至高峰。同年，《工商日報》、《工商晚報》及中、英文《星報》停刊。

1991 年，《晶報》停刊。同年，《南華早報》收購《華僑日報》、查良鏞出售《明報》、胡仙亦出售《快報》。稍後，《華僑日報》及《華僑晚報》亦告停刊。

同年，廣告收益最高的報章依次為《東方日報》、《成報》、《南華早報》及《明報》。

1993 年，《香港時報》停刊。同年，郭鶴年屬下的嘉里傳媒收購《南華早報》。於 2015 年，《南華早報》再度易手予阿里巴巴集團。

1995 年，《蘋果日報》創刊。由該時起報業漸走下坡，而所有晚報，包括老牌的《星島晚報》及《新晚報》等，全於 1990 年代停刊。

同時，多份免費派送報章出版。

▲ 位於油麻地佐敦道碼頭的報紙檔，1985年。（圖片由陳創楚先生提供）

參考資料　　　香港政府憲報

　　　　　　　《循環日報》

　　　　　　　《華字日報》

　　　　　　　《華僑日報》

　　　　　　　《星島日報》

　　　　　　　《大公報》

　　　　　　　《華僑日報》編印《香港年鑑》(1948-1993 年)

鳴　謝　　　　何其銳先生

　　　　　　　佟寶銘先生

　　　　　　　吳貴龍先生

　　　　　　　呂偉忠先生

　　　　　　　陳創楚先生

　　　　　　　許日彤先生

　　　　　　　梁紹桔先生

　　　　　　　麥勵濃先生

　　　　　　　華資銀行望族馬女士

　　　　　　　香港大學圖書館